Friedrich Kaiser, Julius Hopp

Der Herr Bürgermeister und seine Familie

Charakterbild mit Gesang in drei Akten

Friedrich Kaiser, Julius Hopp

Der Herr Bürgermeister und seine Familie
Charakterbild mit Gesang in drei Akten

ISBN/EAN: 9783743379039

Hergestellt in Europa, USA, Kanada, Australien, Japan

Cover: Foto ©ninafisch / pixelio.de

Manufactured and distributed by brebook publishing software
(www.brebook.com)

Friedrich Kaiser, Julius Hopp

Der Herr Bürgermeister und seine Familie

Der

Herr Bürgermeister und seine Familie.

Charakterbild mit Gesang in drei Akten

von

Friedrich Kaiser.

Musik von Kapellmeister J. Hopp.

Im Theater am Franz-Josefs-Quai mit großem Beifall gegeben.

WIEN.

Gedruckt bei A. Pichler's Witwe & Sohn.
1861.

Personen.

Hochfelder, Landwirth und Bürgermeister.

Resi, seine Tochter.

Susanne, seine Muhme und Wirthschafterin.

Robert Sturm, Student.

Franz Holdinger, ein reicher Bauer.

Frau Leni Stäublinger, Müllerin.

Kupferstein, Geldnegoziant.

Spunder, Gemeindewirth.

Federbart, Gerichtsschreiber.

Hamberger, Sequester.

Peter,
Conrad,　} Knechte
Lisi,
Kathi,　} Mägde
　　　　　　} bei Hochfelder.

Burgi,
Netti,　} Resi's Freundinen.
Vroni,

Sebastian,
Kaspar,　} Müllerburschen.

Basilius, Nachtwächter.

Landleute, Musiker, Knechte, Mägde ꝛc. ꝛc.

Erster Akt.

(Stube im Hause Hochfelders, mit einer, vom Wohlstande zeigenden Einrichtung, eine Mittel= und zwei Seitenthüren; rechts im Vordergrunde ein bereits zum Frühstücke gedeckter Tisch.)

Erste Scene.

Peter mehrere andere Knechte und Mägde. Conrad.

Conrad (tritt aus der Seitenthür rechts, ein Päckchen Banknoten in der Hand haltend). Ah, Ihr seid's da und wart's, daß Euch Euer Arbeit angewiesen wird? Nichts da! heut wird gar nichts g'arbeit!

Alle (erstaunt). Was.

Conrad. S' ist so! Unser Herr gibt, als neu gewählter Bürgermeister, heut der ganzen Gmeind a Fest, und d'rum soll in sein Haus auch den ganzen Tag Feierabend sein! Ich hab Jedem von Euch noch ein' Gulden auf b' Hand z'geben, damit's Euch gut g'schehen lassen könnt's! (vertheilt das Geld.)

Die Knechte und Mägde (ihn umringend). Juhe! Vivat!

Conrad. Pst! ruhig! Erst am Abend, beim Fest wird g'vivat! Also schreit's Euch nicht jetzt schon heis'rig!

Peter (ein alter Knecht, kopfschüttelnd). Heut gar nichts g'arbeit?! — Und 's Heu liegt noch auf der Wiesen.

Conrad! — Unser Herr hat jetzt was anders im Kopf! Als Bürgermeister hat er viel Wichtigeres — liegen z'lassen! — Also kein Widerspruch gegen die obrigkeitliche Verordnung! Gehn wir, ziehn wir unser Sonntags= g'wand an — am Abend gibts Tanz und Musik auf der G'meindwiesen!

Alle. Tanz! Musik! Juhe! (Alle eilen ab.)

Zweite Scene.

Hochfelder, Kupferstein.

Hochfelder (in einem beinahe ans Städtische grenzenden Anzuge, tritt mit Kupferstein aus der Seitenthür rechts).

Kupferstein. Nun hab ich verricht mein Geschäft, nun werde ich mich wieder setzen auf mein Wägel und zurück fahren nach der Stadt!

Hochf. (in heiterer Laune). Um wieder bei ein'Andern Euern Rebach z'holen! 's seid's a recht fleißiger Gaus= rab!

Kupf. Hä hä hä! — Immer spa= ßig, immer gut aufgelegt!

1

Hochf. Ja, wenn man lang mit Euch z'thun hat, ist man bald — aufglegt!

Kupf. Schimpft nur — findet doch auf der Welt keinen Geschäftsmann, wie ich! — Gestern schreibt Ihr mir: „Ich brauch Geld" — wer ist heute da und bringt Geld? Der Kupferstein! Und gebt mir dafür doch nur a klaine Verschreibung!

Hochf. Daß die Ernt' von all' meine Felder für's nächste Jahr wieder Euch gehört — um den Spottpreis!

Kupf. Ihr macht doch ä besseres Geschäft! — Ihr habt mein Geld in der Hand — ich hab Euer Korn noch in der Luft! — Wenn kommt ä Mißjahr, oder ä Hagelschlag! wai geschrien!

Hochf. (sich vorsichtig umsehend). Stad! stad! — Wann wer höret, daß ich solche G'schäfte mach — wär nit übel! — (drohend) Daß's mir Niemanden was davon sagt's! Hörts!

Kupf. Wie werd ich sagen! Bin ich doch verschwiegen wie das Grab!

Hochf. Das ist's auch, warum ich mich mit Euch einlaß! — Glaubt's denn, wenn ich just a paar hundert Gulden brauch, ich kriegets nicht von Bekannten auf der Stell, ohne Intressen?

Kupf. Ja, sie werden Euch geben Geld, aber sie werden vor Euch haben nir kein Respekt mehr!

Hochf. (wichtig). Das ist's! — Wann meine Verhältnisse bekannt wären, hättens mich schwerlich zum Burgermeister gwählt — aber so heiß' ich allweil nur „der reiche Hochfelder!" — Ich könnt's auch noch sein!

Kupf. Könntet's noch sein, aber was hättet Ihr führen müssen für ä Leben? — Arbeiten und sparen, wie ä gemeiner Bauer, und Ihr — Ihr habt einmal so was an Euch von en Cavälir! — Ihr könnt nicht umkehren en Groschen in der Hand dreimal, bis Ihr ihn gebt aus!

Hochf. (lustig) Wahrhaftig nit! — Ich hab von jeher a tanzet's Blut ghabt, und dann — (sich wieder in die Brust werfend) muß man doch auch was vorstellen! (etwas heimlicher) Ich sag Euch, was mich das kost hat, bis unf're G'meindausschüß' eing'seh'n haben, daß ich am besten zum Burgermeister taug! — Na — ich will gar nicht davon reden! — Aber — (stolz) dafür bin ich's jetzt auch!

Kupf. Und was liegt an die paar tausend Gulden, die Ihr schuldig seid? Eure Wirthschaft ist noch immer zehn Mal so viel werth!

Hochf. Das mein ich! — Und darum — nicht wahr, wenn ich vileicht noch a klans Geld brauch —

Kupf. Nur sagen! — hab ich's nicht, so schaff ich's von andere Leut — ich bin einmal Euer Freund —

Hochf. Der aus purer Freundschaft gegen fünfzig Prozent immer Geld schafft! Ha, ha, ha! seid's a recht theurer Freund! Aber — das muß ich sagen, allweil da! (mit der Pantomime des Geldzählens) und das gfallt mir! — Aber noch einmal — (legt den Finger auf den Mund.)

Kupf. (ebenfalls den Finger auf den Mund legend). Pst! Gott straf mich, wenn ich soll reden, so lang Einer zahlt pünktlich — nur, wenn Einer nicht zahlt, mach ich ein G'seres, daß fallt die Welt ein! — Na — ich geh (grüßend) sollt auch leben!

Hochf. B'hüth Euch Gott, wann er von Euch noch was wissen will!

Kupf. (im Abgehen). Spart Eure Spaßigkeit! Adieu! Adieu! (ab)

Hochf. (allein). S'ist im Grund a Haupthallunk! Aber was hilfts? — Ich brauch ihn doch! Ich muß einmal immer Geld in der Taschen haben und wenn ich eins d'rin hab, leidts mir's wieder nicht lang! — 's ist a verflixte G'schicht! — Hm, wenn ich nachdenk, wie das so kommen is, seit ich's erstemal nur hundert Gulden aufg'nommen hab, und jetzt seins schon so viel Tausend! wann das so fortgeht, (wieder leichtsinnig) Ah was! wer wird sich denn für die Zukunft kümmern! Jetzt bin ich wieder a Mann, der fünfhundert Gulden z'viel in der Taschen hat, und kann mich in meiner neuen Würde anschau'n lassen! — Herr Gott heut soll's a bissel fein hergehen, damit doch b'Leut sehen, was 's an mir für ein' Bürgermeister haben!

Dritte Scene.

Vorige, Frau Susanne.

Susanne (kommt mit einem Kaffee-Service aus der Thür links). Guten Morgen, Herr Vetter!

Hochf. Guten Morgen, Susi-Mahm! — Ah 's Frühstück? Recht!

— Meine Staatsg'schäft sein abgethan — jetzt kann ich mir a bißl a Ruh gönnen. (geht zum Tisch, auf welchem Susanne das Frühstück gestellt hat, und setzt sich an denselben). Aber wo ist denn mei Töchterl, die Resi?

Susanne (während sie den Kaffee einschenkt). Die liegt noch z'sammknöllerlt wie ein Eichkatzel in ihrn Nesterl — zweimal bin ich schon mit Fleiß recht laut durch ihr Stüberl gangen, aber sie war nicht zum derwecken!

Hochf. (während er frühstückt). Ich seh auch gar nicht ein, warum's die Mahm hat aufwecken wollen? Ist mei Tochter epper a Dirn, die mit'n Hahn'schrei auf und an b'Arbeit muß? Eine Burgermeisterische, glaub ich, kann schlafen, so lang sie's freut! Ich als Burgermeister schlaf wann ich will.

Susanne (ebenfalls frühstückend). Sagt's ihr das nur alle Tag, macht's es nur recht übermüthig! Das ist schon die rechte Weis, wie man so a Mädel erzieht!

Hochf. Ich bitt Sie gar schön, Mahm! red nur Sie nichts von Erziehung! ha! Sie hat ja a Probstückl abgelegt an Ihrem eignen Buben! Ist a recht a saubers Früchtel word'n durch Ihre Erziehung!

Susanne (welcher sogleich die Augen übergehen). Fangt's schon wieder von dem an! — Als wenn ich b'Schuld hätt!

Hochf. Freilich, Sie hat nie ein Blick in die Zukunft gehabt — aber ich — ich hab Menschenkenntniß! — Ich hab damals schon, wie er mir als

1 *

achtjähriger Bub 's erste Mal meine Marillen aus'n Garten gschnipft hat, gleich gsagt: „Der Bub kommt noch in's Zuchthaus!"

S u s a n n e (zurückschreckend). Zuchthaus! — Gott sei uns gnädig! — — So weit ist mein Sohn noch nicht!

H o c h f. Na, was nicht ist, wird schon noch werden!

S u s a n n e. Nein! nein! — mei Robert —

H o c h f. Ist a Kreuzköpfel! versteht sich — das hat Ihr seliger Mann auch glaubt, hat durchaus aus ihm ein g'studirten Herrn machen wollen!

S u s a n n e. Mein Gott! Er hat halt gethan, was a Vater für sein Kind thun muß. — Er war selber nur a armer Schulmeister, aber er hat sich'8 Geld vom Maul abg'spart, nur damit er sein' Sohn in b'Stadt auf b'Universität hat schicken können.

H o c h f. Ja, und b'Frau Mutter hat ihrem Herzbinkerl auch noch g'schickt, was Zeugs g'halten hat, nur damit er in der Stadt in b'Wirths- und Kaffeehäuser hat gehn, spielen, trinken, Skandal machen können — wir haben ja recht schöne Nachrichten kriegt —

S u s a n n e. Mein Himmel! — das waren halt so Jugendstreich!

H o c h f. Ja, er hat so viel Jugendstreich g'macht, weil er in seiner Jugend z'wenig Streich kriegt hat! — Aber b'Frau Mahm hat alleweil für ihn noch Entschuldigungen g'habt —

S u s a n n e. Man muß doch mit so ein jungen Menschen Nachsicht haben —

H o c h f. Nachsicht! — b'Nachsicht ist wie bie Sonn', wo's ein guten Keim find't, macht's a volle Kornähren d'raus, wo's aber a Krokodill-Ei findt, brüt's a Krokodill aus! Euer Mann ist rein aus Kränkung über den Burschen g'storben!

S u s a n n e. Das bild't Ihr Euch ein! — Und hat denn der Robert nicht heilig versprochen, sich z'beffern, hat er nicht an Euch selber g'schrieben — ?

H o c h f. Ja ein recht lamentabeln Brief! — Weil sei Vater todt war, hat er g'meint, ich soll mich seiner annehmen!

S u s a n n e. Aber Ihr habt nichts gethan!

H o c h f. Was? nichts? — Susi-Mahm! hab ich nicht Sie in mein Haus g'nommen, als Wirthschafterin?

S u s a n n e. Na ja, dasür bin ich Euch auch dankbar, aber für mein Sohn —

H o c h f. Für den hab ich auch was than! Ich hab ihm eigenhändig ein Brief g'schrieben, daß ich ihn für ein unverbesserlichen Lumpen halt, daß er von mir nichts z'hoffen hat, und daß er sich vor mein Blicken nicht sehen lassen soll! — Ich hab meine Schuldigkeit als Vetter gethan!

S u s a n n e. Und darüber hat er sich so kränkt, daß er gar nicht mehr g'schrieben hat, nicht einmal mir!

H o c h f. Wär eh Schad um's Postgeld!

S u s a n n e. Seit zehn Jahren hab ich ihn nicht g'sehen, und seit den letzten drei Jahren weiß ich nichts von ihm!

Hochf. (heftig). Und ich will nichts mehr von ihm wissen! Ich sag kein Menschen, daß ich den Vetter hab, den Schandfleck in meiner Familie —

Susanne. Ja, gegen ihn seids hart, wie a Stein, aber Euer Töchterl —

Hochf. Ist mei Töchterl! Sie ist mei Stolz, mei einzige Freud — sie blüht auf, wie a Röserl im Mai und dabei ist's so gut, so herzig. —

Susanne. Dagegen sag ich nichts! — Aber sie wird anders werden, wenn Ihr ihr gar in Allem ihren Willen thut! — Sie ist noch a halbs Kind, und sie mag verlangen was 's will, so schafft Ihr's herbei!

Hochf. Wem gehts was an, so lang ich's herbeischaffen kann?

Susanne. Aber Zeit und Weil ist ungleich, wer weiß, was noch im Leben über Euch selber kommen kann — nicht a jeder reicher Mann stirbt als reicher Mann!

Hochf. (ernster werdend und aufstehend) Susi-Mahm! Seit wann verlegt Sie sich auf's profezeien?

Susanne. Gott sei vor, daß das a Profezeiung sein soll, aber vorsehen soll sich halt der Mensch für alle Fäll, und darüm sag' ich, 's schadet nichts, wenn Euer Tochter sich auch a bißl um b' Wirthschaft umschauet, wann's lernet, was Arbeiten heißt, der Mensch muß doch wissen, wie er sich im Fall der Noth a Stückl Brot verdienen kann!

Hochf. Fall der Noth?! — Arbeiten um's tägliche Brot!? — mei Tochter?! — (beinahe heftig) Wie kommt b' Mahm nur auf solche Gedanken?

Susanne. Na, s' war nur so me Meinung. —

Hochf. Ich verbiet mir aber solche Meinungen ein- für allemal!

Susanne (ebenfalls aufstehend und den Tisch aufräumend). Na ja, ich weiß, daß man Euch mit kein' vernünftigen Rath kommen darf — Ihr habts in Allem Euern eigenen Kopf, und grad so wird Euer Tochter auch! — Na, Gott geb, daß nicht einmal zwei so eigensinnige Köpf so gegen einander stoßen, daß alle Zwei Beulen davon tragen! (geht mit dem Service in die Thür links ab.)

Hochf. (allein) Ich weiß nicht, warum mich das dalkete Reden von dem alten Weib so angegriffen hat?! — Fall der Noth? Davon ist doch noch ka Red — noch steht mir Geld zu Gebot, so oft, und so viel ich will! — aber wenn's einmal nimmer so ging? — oder — wenn ich sterbet — wann meine Gläubiger, von denen noch ka Mensch ein' Ahnung hat, austreten — ka baares Geld wär nit z'finden — Haus und Hof wurd verschleudert! — Dumme Einrichtung, daß der Mensch noch über sei Grab hinaus sorgen soll! (mit über den Rücken gekreuzten Händen auf und niedergehend.) Hm! hm! hm! ich hab heut lustig sein wollen, und jetzt setzt mir die Alte auf einmal solche Mucken in Kopf! — (wieder leichtsinnig) Ah was! Mit'n Denken und Sinniren wird's nicht anders! Stopfen wir uns a Pfeiferl, da kommen gleich and're Gedanken! — (zieht seine Pfeife hervor, stopft und brennt sie an.)

Vierte Scene.

Hochfelder. Franz Holdinger.

Franz Holdinger (ein Mann im Alter über 30, körperlich etwas verkümmert, tritt durch die Mitte ein). Gott zum Gruß, Herr Burgermeister!

Hochf. (ihn erblickend, froh gestimmt) Was Tausend! Holdinger Franz! — Laßts Ihr Euch auch wieder einmal bei mir sehen? (schüttelt ihm die Hand.) Na, servus! servus! Ihr müßts fruh aufgstanden sein, daß die 4 Stund Weg von Euern Dorf bis daher schon zruckglegt habts!

Franz. Ja, ich hab mich zeitlich aufgmacht, weil ich heut noch sehr viel vorhab, und grad da — in Euern Ort, aber eh' ich was unternimm, hab ich Euch um Euern Rath bitten wollen.

Hochf. Wem sollt ich denn lieber rathen, und wenns Noth thät helfen, als Euch, dem Sohn von meinem liebsten Freund, der noch dazu grad so a braver Mann worn ist, wie sein seliger Vater! — Na, kommts nur — setzts Euch daher — (auf die Stühle am Tisch rechts weisend) und sagts mir Euer Anliegen!

Franz (nachdem sich Beide gesetzt). Ihr wißt, ich hab von mein Eltern die große Wirthschaft in Steinau drüben g'erbt —

Hochf. A schöne Wirthschaft — 's' Haus wie a klans Schloß — prächtige Felder! — war ja oft dort!

Franz. Da hab ich aber vor a paar Tagen in der Zeitung glesen, daß der Bauernhof hier im Ort, der grad an Eure Wirthschaft stoßt, z' verkaufen wär. —

Hochf. Wohl! wohl! der alte Kleemann, dem er ghört hat, ist g'storben, s' sein viel Erben da, drum muß Alles zu Geld g'macht werd'n. —

Franz. Zufällig trifft sich's, daß mir für mei Wirthschaft auch ein Anboth gmacht worden ist, ich könnt also mei Besitzung verkaufen, und dafür gleich die in Eurer Nachbarschaft an mich bringen. —

Hochf. (sieht ihn groß an.) Was? Ihr denkt dran, Eure Wirthschaft, das Haus, wo Euer Vater, Großvater und Urgroßvater glebt haben, wegz'geben?

Franz. Ja! — Es fallt mir eigentlich schwer, aber es fallt mir auch schwer, d'rin z'bleiben! So ganz allein in ein Haus, wo mich jeds Winkl nur traurig mahnt an die, die nimmer dort sein — ich sag Euch, es wird mir oft völlig entrisch!

Hochf. Warum bleibts aber auch so lang allein? Tausend noch einmal! Ihr seids ka Bursch mehr, habt Eure 30 Jahr hinter Euch, da hätts Euch schon lang um a saubers Weiberl umschauen sollen. —

Franz. Ich hab' eh schon dran denkt — will a nit sagen, daß ich keine kriegt hätt. —

Hochf. Natürlich! A Mann mit Euern Vermögen!

Franz. Das ist's! wegen mein Vermögen — wegen dem hätt mich bald eine gnommen; aber wegen mir selber — (bedauernd auf sich weisend) schauts mich nur an!

Hochf. Na ja — ich will Euch keine Komplimenter sagen — Ihr seids als Kind allweil kränklich gewesen — da seids a bißl zruckblieben, habts wohl nicht die rechte Frischen — aber Ihr seids a guter, a rechtschaffener — a gscheidter Mann, das fallt doch auch in d' Wagschalen!

Franz (traurig den Kopf schüttelnd). Bei jungen Dirnen nicht! — denen muß a Mann z'erst gfall'n, eh sie sich überhaupt in a Überlegung einlassen!

Hochf. (gleichsam tröstend). Ah! s' sein doch nicht Alle so!

Franz (vor sich auf den Boden sehend, etwas verlegen). Ja — es könnt wohl eine Ausnahme geben! — Wißts — wenn so a Madl mich schon zu einer Zeit kennen glernt hätt, wo sie selber noch a Kind war, wo's noch von keiner andern Lieb, als von der zu ihrem Vater was gwußt hat — und gegen die ich mich zu der Zeit schon immer nur gut und freundlich, wie ein älterer Bruder zeigt hab — (immer verlegener werdend) wißts, bei so einer könnt sich vielleicht, so lang als noch ihr Herz für kein Andern z'schlagen ang'fangen hat, die schwesterliche Lieb in die sanfte ruhige Lieb verwandeln, die grad für den Ehestand die beste ist! (bleibt, fortwährend die Blicke zur Erde schlagend, und nur manchmal von seitwärts scheu auf Hochfelder blickend, sitzen.)

Hochf. (hat ihn, während er sprach, immer aufmerksamer betrachtet, plötzlich schien er

das Ziel seiner Rede zu errathen; stemmt beide Hände auf den Tisch und firirt ihn scharf.) , (Pause.)

Franz. Na — Ihr redts nichts — sagts doch — was meint denn Ihr?

Hochf. Ich — ich mein — hm! ich kenn nur Eine, zu der Ihr bis dato in so ein Verhältniß gstanden seids. —

Franz. Ja — es gibt auch nur ein einzige. —

Hochf. Und die — die einzige — ist — mei Tochter!

Franz (herausplatzend, feurig). Ja — bie — die ists!

Hochf. (fährt vom Sitze in die Höh und legt die Hand an seine Stirn.)

Franz (hastig). Seids deswegen nit bös, daß ich Euch mein liebsten Gedanken anvertraut hab — mein Gott! — traumen darf ja jeder Mensch, was er will! — sagts kurzweg: „da wird nichts draus" —oder heißts mich ein Narrn — und ich geb Euch fast selber recht, laß den Kauf von Euern Nachbarhof sein, und geh wieder zuruck in mein verödts Haus, und leb dort still, wie ein Einsiedler fort!

Hochf. (ist hastig auf und niedergegangen, und bleibt nun wieder bei Franz stehen.) Also, Ihr habt Euer Vaterhaus nur deßwegen mit mein Nachbarhaus vertauschen wollen?

Franz. Damit Euer Tochter, wann sie sich je entschließen wollt, mei Weiberl z'werden, es nicht so empfindet, daß ich's von ihrem Vater weggnomen hab, sie bleibet dann so quasi noch immer bei Euch — wir machet'n eine Familie aus, Ihr häts Euer Tochter nicht verloren, sondern noch dazu noch ein Sohn kriegt, der gwiß alle Lasten und Sorgen von Euern Schultern nehmet?

Hochf. (reicht Franz die Hand). Franz! — Ihr seids recht — recht gut!

Franz (ebenfalls aufstehend). Also Ihr — häts nichts dagegen?

Hochf. (schüttelt ihm die Hand.) Ich gwiß nicht!

Franz. Aber Ihr denkts wohl, daß Eure Tochter —

Hochf. Ja — die muß auf jeden Fall erst gfragt werden.

Franz (hastig). Und das sag ich glei, s' müßt ihr eizener freier Willen sein — Ihr dürfts Ihr nit einmal zureden.

(Man hört von der Seitenthür links her, ein lustiges Liedchen trällern.)

Franz (zusammenbebend). Ha — das ist sie! —

Hochf. Sie ist schon auf — da können wir gleich erfahren, wie wir dran sein! (ruft) He! Resi! Resi!

Fünfte Scene.

Vorige. — Resi. — Susanne.

Resi (im leichten Morgen=Anzuge, die Haare in natürlichen Locken wirre herabhängend, hüpft aus der Seitenthür).

Susanne (folgt ihr).

Resi (herzlich zu Hochfelder). Guten Morgen, Vater! (erblickt plötzlich Franz, überrascht). Jesäß, der Franz! (eilt auf ihn zu und faßt seine Hand) Ihr seids da? — Grüß Euch Gott, tausendmal! — Wo steckts denn alleweil? — s' ist

schier a Monat, daß wir Euch nicht gsehen haben.

Franz. Bin ich Dir doch abgangen?

Resi. Na, und wie? — Ihr habts mich verzwöhnt, so lang Euer Vater noch glebt hat, seids wenigstens alle Wochen a paar Mal 'rüber kommen?

Franz. Ja, liebs Kind, damals hab' ich halt noch nicht selber die Wirthschaft z'führen g'habt.

Resi. Aber mei kleine Wirthschaft habts in Stand g'halten! — Wer hat denn in mein Garten d'schönsten Blumen anpflanzt, und die Hutschen, die Ihr mir zwischen die zwei großen Linden g'macht habts — und nachher mei Taubenschlag, der war niemals so nett, als damals! — Jetzt ist Alles in Unordnung kommen — 's hat kein And'rer so a Geschick, und auch kein Andrer so viel Geduld, wie Ihr! — Aber heut bleibts doch da bei uns? den ganzen Tag? — Nicht wahr? Ich laß Euch nicht fort. (legt traulich seinen Arm in den ihrigen.)

Franz (selig). Wer möcht denn nicht gern an dem Ort bleiben, wo eim' ein Engerl zruckhalt!

Hochf. (leise zu Franz). Der Anfang wär gut! jetzt laßts mich reden! (laut zu Resi) Gelt! das wär Dir halt recht, wenn der Franz gar nimmer aus unserm Ort fortging?

Resi. O mein! das wär g'scheit, da hätt' ich doch den ganzen Tag ein Unterhaltung!

Hochf. Hm! was nicht ist, könnt vielleicht noch werden! — s' wär sogar möglich, daß er unser Nachbar wurd

Resi. Was? (zu Franz) Wollt's vielleicht den Kleeman'schen Hof kaufen? (in die Hände klatschend) Ah! das wär prächtig! unf're Gärten stoßen aneinand — da braucht's nur durch'n Zaun durch' z'schlupfen, und wärts bei uns! —

Franz. Oder man könnt den Zaun ganz niederreißen, und aus die zwei Gärten nur Ein' recht großen machen!

Resi. Geht's! geht's! das ist nicht Euer Ernst!

Hochf. Ja, ihm wärs schon Ernst, s' fragt sich nur, ob's seiner künftigen Frau recht wär?

Resi (unangenehm überrascht). Seiner — Frau?! ja — Franz! — wollt's Euch denn verheirathen?

Franz. Ja — ich möcht wohl —

Resi (ganz niedergeschlagen). Au weh! — da ist mir b'ganze Freud verdorben!

Franz (haftig). Warum? — warum denn? — sags nur!

Resi. Weil ich schon weiß, wie's da gehn wird — da wird Euer Frau wollen, daß's den ganzen Tag bei ihr seids, sie wird selber für Euch gnug z'thun wissen, und für uns werds gar nicht z'haben sein! (schmollend) Geht's, zu was müßts denn grad heirathen!

Franz. Ich kann doch nicht immer allein bleiben, bei so ein großen Hauswesen!

Resi. Aber wenns da, so nah bei uns wohnets? — Sein wir Euch denn fremd? Wir könnten leicht ein Haus und ein' Wirthschaft machen. — Ich wurd schon bei Euch nachschau'n, daß Euch nichts abgeht. —

Franz. Wenn ich aber einmal krank wurd?

Resi. Na, und wann?! Glaubts denn, ich hab die Zeit vergessen, wo ich selber s' Fieber g'habt hab, wie Ihr alle Tag nachschauen kommen seids, mir immer was mitbracht, Stunden an mein Bett g'sessen, mir G'schichten erzählt, und Schattenspiel ausg'schnitten habts? — Das wurd ich Euch wieder vergelten — ich sitzet auch bei Euch — richtet Euch b'Medizin, leset Euch vor --

Franz. Das — wolltst du? — Ja — dann — Resi! — dann wärs ja schon am allergscheidtesten, wenn ich gar kein and're Frau nehmet, als — — Dich selber!

Resi (sieht ihn erstaunt an). Was? — mich?! — ha ha ha! —

Susanne (zu Franz). Geht's, macht's mit dem Kind keine solchen Spaß!

Hochf. (leise zu Susanne). D' Mahm ist um nichts gfragt worden, sei Sie stad. (laut zu Resi) Resi, was der Franz gsagt hat, ist sei heiliger Ernst!

Susanne (erschreckt). Um Gotteswillen! Vetter!

Hochf. (Susannen bei Seite schiebend.) Stad sein, sag ich! (zu Resi laut) Na, was sagst denn dazu?

Resi (noch immer nicht recht begreifend). Zu was denn? zu was denn?

Hochf. Na, du hast's g'hört, der Franz will den Hof nebenan kaufen, er will heirathen, aber kein' Andre, als Dich!

Resi (nun erst wirklich überrascht) Als mich? — als mich? — (sichtbar ge-

(schmeichelt.) Ich — a Frau? — Jetzt schon? —

Susanne. Nit wahr, es ist noch viel z'fruh?

Resi (zu Susannen). Z'fruh? (mit Stolz) Mahm! ich bin 15 Jahr alt!

Hochf. (streng) Und überhaupt geht das b'Mahm nichts an!

Franz (zu Resi). Du hast z' entscheiden, Du allein! Red jetzt aufrichtig, wie Dir um's Herz ist: „Ja, oder Nein!"

Susanne (winkt Resi mit dem Kopfe „nein" zu sagen).

Hochf. (bemerkt es, rasch zu Susannen) Susi-Mahm! mir scheint, sie kriegt s' Beutlete! — (strenge) Geh Sie auf Ihr Stuben!

Susanne. Nein, nein, ich kann jetzt nicht fort!

Hochf. (erbittert). Auf Ihr Stuben, sag ich! (indem er sie gegen die Seitenthür drängt) oder — meiner Seel. —

Susanne (im Abgehen jammernd). S' ist ein Unglück! — Das arme Kind — so ein Mann! das arme Kind! (ab.)

Resi (verwundert). Was hat denn die Mahm?

Hochf. Kümmere Dich nicht um sie! — Zur Sach! — Du hast den ehrlichen Antrag g'hört, ich wünschet mir kein andern Schwiegersohn, als den Franz, aber ich laß Dir ganz freie Hand. — Wannst „nein" sagst, ist Alles aus für immer, wannst aber „ja" sagst, — dann mußt Du auch dabei bleiben, dann bist von heut an sei Verlobte, sei Braut!

Resi. Ich — a Braut?! — und wann — wann wird denn schon d'Hochzeit sein?

Franz (freudig). Du fragst nach der Hochzeit? Mein Gott! je eher — je lieber! — Du selber kannst den Tag bestimmen!

Resi. Hochzeit! (zu Hochfelder) Vater! gelt, da gebets a Fest?

Hochf. (freudig) Wies in dem Ort noch keins erlebt haben!

Resi (kindisch). Und ich krieget a neues Kleid?

Franz. Ich fahret mit Dir in b' Stadt, daß b' dirs selber aussuchen könntst!

Resi (wie Oben). So — von weißen Atlas, wies neulich die Fräuln vom Schloß ghabt hat — und ein' grün' Kranz mit weiße Bleamln?

Franz. Und ein' Schleier kauf ich Dir von echten Spitzen!

Resi. So a Staat! — Aber Kranzljungfern mußt ich auch haben!

Hochf. Versteht sich! — Wir habens ja g'nu. Sechse von Dein' Freundinen kannst Dir aussuchen — mit weißen Kleidern und Lichtern in der Hand mußtens voraus gehen in b' Kirchen, und der Wachter muß sei Galla-Uniform anlegen, und ein' unbändigen Buschen in der Hand tragen. —

Franz. Und d'Buben müssen Pöller losschießen auf die Berg und b' Glocken laß ich läuten — s' soll a Feiertag werden für's ganze Dorf!

Resi. Mir wirds ganz wirblet! Hätt' ich doch gestern gar nicht denkt, daß mir heut so a Freud bevorsteht!

Hochf. Also sagst: „Ja"?

Resi. Wie denn nicht?

Hochf. (in höchster Freude). Bravo! Das is a Red! (zu Franz) Habts es g'hört?

Franz. O Gott! mir ist, als ob ich d' Engeln im Himmel singen höret! — Resi! — mei liebe Resi! — mei Braut! (eilt zu ihr und will sie umarmen.)

Resi (sich rasch losmachend). Laß'^s mich — ich bitt Euch! — jetzt muß ich fort — es leidt mich nicht länger z'Haus — ich muß in's Dorf — ich muß jeden Menschen erzählen — der Baderischen und der Jäger-Nettel und der Schmidt Vroni, mit der ich vorigs Jahr noch in b' Schul gangen bin, die aber b'letzte Klaß' noch einmal repetiren muß — jetzt treff ich grad Alle am Weg! — das Schau'n — das Verwundern! — ich a Braut! — Bhüth Euch Gott, Franz! Bhüth, Gott, Vater! Ihr dürfts mich nicht zurückhalten — die ganze Welt soll's wissen! (eilt durch die Mittelthür ab).

Hochf. (ihr nachrufend). Resi! — hör doch — obs dableibst! — (zu Franz) Da rennt's hin!

Franz. Laßts es — laßts es! — Die Freud, die sie hat, macht mir ja selber b' größte Freud! — Ist's mir doch auch, als wann auf einmal mein Blut im Galopp jaget — s' laßt mich nicht ruh'n und nicht rasten! —

Hochf. Ich muß auch fort — aber nur hinüber aufs Grundgricht, um den Handel gleich abz'schließen; aber Ihr müßts wieder kommen — ich gib heut

a Lätzl als neuer Burgermeister und da könnt Ihr gleich Arm in Arm mit Eurer Braut erscheinen!

Franz. Mit meiner Braut!! — Ja — ja — das laß ich mir nicht auskommen! — Ich bin gleich wieder z'ruck — lebts wohl derweil, Herr Hochfel — — nein, lebts wohl, Herr Schwiegervater! (umarmt ihn und eilt dann durch die Mittelthür ab.)

Hochf. (seelenvergnügt in die Hände schlagend). Gut is'^s 'gangen! — (tief aufathmend) Ah! — a Stein ist mir vom Herzen! — Jetzt gibts kein Sorg, kein Kummer mehr! — Mei Kind ist gut aufg'hoben, ich bin kein' Menschen mehr für mein Thun und Lassen verantwortlich! — Ich komm mir völlig vor, als ob ich wieder a Junggsell — a lediger Bursch wär! — Juhe! Mei Schwiegersohn soll leben! (vergnügt ab, durch die Seitenthür rechts.)

Sechste Scene.
Verwandlung.

(Freier Platz im Dorfe — im Hintergrunde Gebirge; rechts das Gemeinde-Wirthshaus, links Bauernhäuser, in der Mitte eine Tanzhütte.)

Robert Sturm (in einem städtischen, aber burschikosen Anzuge, kommt vom Hintergrunde her).

Lied.

Wer ein G'schäft nur treibt, bleibt ein
    einfält'ger Tropf,
Wer Alles probirt, wird a pfiffiger Kopf,
D'rum muß mans so machen, z'erst leb'n
    von sein Geld,
Wenn's gar ist, wird pumpt, und ein
    Wucherer geprellt,

Im Anfang nur Eine platonisch geliebt,
Doch weil es vom Plato auch Feindinen
gibt,
Muß den Epicur man auch praktisch
studirn, —
Man muß Alles probirn — man muß
Alles probirn! —

Heut in ein Hotel dinirn als Kavalir,
Und morg'n in ein Beisel bei Quargel
und Bier,
Einmal hoch zu Roß, und mit Sporn an
den Füß'n,
Dann wieder per pedes, sein d' Stiefeln
auch z'riff'n,
Und ist man sodann um d' Wegzehrung
verleg'n,
Zuletzt sogar fecht'n auf der Straß'n ohne
Deg'n —
Wenns als Vagabunden ein' auch arre-
tirn, —
Man muß Alles probirn! — man muß
Alles probirn!

Grad' so hab auch ich's gmacht, hab mich
herumtrieb'n,
In allen Weltgegenden nach mein Belieb'n,
In Tag hinein g'lebt — an die Zukunft
nie dacht,
Viel dumme und noch viel mehr tolle
Streich g'macht!
Den dummsten Streich aber kann ich noch
begeh'n,
Solid wern, und mich um a Weiberl
umseh'n,
Die Geld hat, mit der laß ich mich kopu-
lirn —
Man muß Alles probirn — man muß
Alles probirn!

Es herrscht eine große Inkonsequenz
unter den Leuten! — Die weisesten
und frömmsten Männer sagen: „Das
ganze Leben auf dieser Welt ist nur
eine Probezeit." — Warum nimmt man
denn einen jungen Menschen, der
also erst einen kurzen Theil der Probezeit durchgemacht hat, eine schlechte
Aufführung übel? Warum ist der
Ausdruck: „das ist ein erprobter
Mann" ein Ehrentitel, wenn man wieder
mit den Worten; „der hat auch schon
Alles probirt" nur einen Taugenichts
bezeichnen will? Das Prädikat habens
mir auch schon taxfrei verliehen, —
man macht mir zum Vorwurf, daß
ich noch nichts bin! Als ob Nichts
nichts wär! — Das „Nichts" ist
das einzige Materiale, aus dem Gott
die Welt gemacht hat, und in was
löst sich endlich alle menschliche Größe
wieder auf? in Nichts! — Ich will
den Prozeß der Auflösung nicht erst
wieder durchmachen, ich will lebend
das sein, was Andre erst durch ihren
Tod erreichen, nämlich Nichts! Der
Hamlet hat in seinem berühmten Mo-
nolog ein unrichtiges Hilfszeitwort ge-
wählt: „Sein oder Nichtsein —
das ist die Frage!" lächerlich! das ist
gar keine Frage! — aber „haben,
oder nicht haben" — das ist die
große Weltfrage! — Nun, Gott sei
Dank! ich habe — zwar kein Geld,
aber dafür Schulden! — Na, s' ist
doch etwas! — ja, s' ist beinahe mehr
als Geldhaben! Schulden geben einem
das Bewußtsein, daß man seinem
Jahrhunderte angehört! — Wegen
Geld allein wird man nicht geschätzt,
wohl aber wegen Schulden — gleich
nach der Pfändung! — Einer, der
Geld hergeliehen hat, wird meistens

gemieden, wer aber Geld schuldig ist, der wird gesucht! — Ich hab das empfunden! — Wollten die Leut ihr Geld haben! Gar dumm! wenn man seine Schulden zahlen wollte, wärs ja gar nicht der Mühe werth, daß man sie machte! — Aber weil meine Gläubiger keine Nachsicht haben wollten, so haben sie jetzt das Nachsehen, ich war so höflich gegen sie, ihnen aus dem Wege zu gehen, und will hier auf dem Lande die Horazische Seligkeit genießen: „beatus ille, qui procul negotiantibus!“ (sich in der Gegend umsehend) Ah! — die Natur ist so schön hier auf dem Lande — fast zu schön, denn man kann sich an ihr nicht satt sehen, und doch macht diese Luft einem so viel Appetit! und ich habe zwar auf meiner Wanderschaft durch die Berge, Quellen genug gesehen, bin aber doch um eine Nahrungsquelle verlegen! (nachdenkend) Ich hab zwar Verwandte — aber was nützen Verwandte, wenn sie sich nicht verwenden wollen? — Auch will ich's nicht merken lassen, daß ich nur deßwegen komme, weil ich sie brauche, und doch fürchte ich, daß mir in meiner gegenwärtigen Verfassung der leere Magen aus den Augen heraussieht! — Nein, eher muß ich mich etwas stärken, bevor ich mich von meiner Sippschaft waschen lasse, und dann das Terrain recognosciren! (auf das Wirthshaus deutend) Hier steckt unser Herrgott die Hand heraus — ich will nicht blind sein für diesen göttlichen Fingerzeig! (will gegen das Wirthshaus.)

Siebente Scene.
Robert — Spunder.

Spunder (tritt aus dem Wirthshause und besichtigt, ohne. Anfangs Robert zu bemerken, die Verzierungen der Tanzhütte).

Robert (ihn erblickend, für sich). Ha! der Wirth! das verkörperte Gewissen jedes geldlosen Zechers! O, wenn es mir gelänge, dieses Gewissen noch vor der That zu betäuben! — (rasch einen Gedanken fassend) Hab schon! — (nimmt eine vornehme Miene an und thut, als ob er, ohne den Wirth zu sehen, das Haus musterte dann im wegwerfenden Tone.) Ah — da wirds auch umsonst sein!

Spunder (aufmerksam werdend). Was umsonst? — Bei mir ist nichts umsonst!

Robert. Ich meine, die Mühe wäre umsonst, wenn man sich hier nach guten, echten, unverfälschten Weine umsähe. —

Spunder. Na, seins so gut! — Mei Keller ist weit und breit bekannt — ich hab alle Jahrgäng von der besten Qualität — ist mein Stolz!

Robert. Wirklich! hm! da ließ sich ja doch vielleicht etwas machen!

Spunder. Was meinens denn? Mit wem hab ich denn die Ehre?

Robert. Ich bin von dem Großhandlungshause Preßbleut und Compagnie, welches eben eine große Weinlieferung für die Armee contrahirt hat — unser Vorrath langt nicht aus, und darum reise ich auf dem Lande herum, um Einkäufe abzuschließen.

Spunder (für sich). Armee-Lieferung! hm! da könnt was rausschauen!

(laut). Na, a hundert Eimer könnt ich schon ablassen, und wegen dem Kosten —

Robert. Ja, die Hauptsache ist das Kosten — wenn ich die verschiedenen Sorten versucht hätte —

Spunder. Das könnens ja gleich thun — kommens mit mir in den Keller — ich heb Ihnen aus jedem Faß aus!

Robert (geheimnißvoll). Das muß aber unter uns bleiben — denn, wenn man im Auslande erführe, daß hier solche Aushebungen statt finden —

Spunder. Nein! nein, ich sag nichts! kommens nur!

Robert. Aber ich habe zum Weinkosten noch nicht die rechte Zunge —

Spunder. Na, so nehmen wir a g'selchte Zungen mit, und a Schunken, ein Käs — nach jedem Schluck ein Bissen essen, das gibt gleich den rechten G'schmack.

Robert. Ich sehe, Ihr seid ein Sachverständiger und will Euch folgen — wir werden alle Weine neben einander halten, und dann sehen, welcher zum Besten gehalten wird! (geht in stolzer Haltung voraus in das Wirthshaus ab.)

Spunder (folgt ihm).

Achte Scene.

Resi, Netti, Burgi, Broni (letztere ein noch ganz junges Mädchen; Resi kömmt von den übrigen Mädchen begleitet, ganz niedergeschlagen vom Dorfe her.)

Resi. Geht's! Ihr habts mir die ganze Freud' verdorben? — Ihr seid's recht boshaft!

Burgi. So? das ist der Dank dafür, daß wir aufrichtig gewesen sein!

Oder hätten wir vielleicht Dir z'Lieb sagen sollen, daß uns dein Bräutigam g'fallt?

Netti. Na, da hätten wir doch schön lügen müssen!

Resi (fast weinend). Euch braucht er ja nicht z'gfallen!

Burgi. Na ja — das Gute hast — untreu macht Dir den kein' and're Dirn!

Netti (zu Resi). Glaubst denn, er wär nicht längst schon verheirath, wenn ihn ein' Andere mögen hätt'?

Burgi (zu Resi). Jetzt ist er schon stark in die dreißig, wenn er nicht gar schon vierzig ist, und freit um a Madel, die nicht einmal halb so alt ist, als er.

Broni. Na, er hat sich halt denkt, die versteht noch nichts von der Welt! aber mir hätt' er kommen sollen!

Netti (zu Resi). Ich hab kein so reichen Vater, wie Du, aber eh' ich so ein hing'welkten Mann, mit so ein Spitalg'sicht heirathet, eher — meiner Seel! ging ich zu den Ursulinerinnen!

Burgi (schmeichelnd zu Resi). Schau, uns ist so leid um Dich!

Resi (unwillig weinend). Nur bedauern thuts mich nicht!

Netti. Hat Dir denn, wennst so an ein Sonntag mit Dein Vater zum Tanz unter den Linden kommen bist, nie Einer von unsern jungen Burschen so g'fall'n, daß d' Dir heimlich denkt hättst, den möcht ich zum Mann?

Resi. Ich habe bis dato noch nie an so was denkt.

Broni. O je! ich schon seit Jahren!

Burgi. Gib Acht, daß Dir später

nicht ein Anderer g'fallt, wenn Dir Keiner mehr g'fallen darf!

Resi (ganz verwirrt). Geht's! — ich bitt Euch — laßt's mich jetzt allein! — Ihr habt's mir den Kopf so voll g'redt, daß mir ist, als hätt' ich ein ganzen Bienenschwarm d'rin! Ich will — ich mag Euch nicht mehr anhören! (wendet sich verdrossen von ihnen ab und setzt sich auf eine Bank, welche vor einem der Bauernhäuser links unter einem Hollunderstrauche steht.)

Netti (zu den übrigen). Na, so geh'n wir halt, wir haben uns're Schuldigkeit als wahre Freundinen gethan!

Broni (zu Resi). Wann Du den Rath von erfahrnen Personen nicht anhören willst, so folg' Dein' Kopf — wie man sich bett' so schlaft man!

Burgi. B'hüt' Dich Gott, arme Resi! (Die drei Freundinen entfernen sich nach dem Hintergrunde, noch im Abgehen unter einander spöttisch lachend.)

Resi (allein). „Arme Resi!" — „Arme Resi!" — und ich hab glaubt, sie werden mich Alle beneiden! — Aber Keine möcht' ihn — Keine! — nur g'rad für mich soll er gut genug sein! — Ich weiß nicht, mir ist das früher gar nicht aufg'fall'n, daß er nicht mehr jung und nicht sauber ist — aber jetzt — als Bräutigam — (sie bleibt in Gedanken versunken sitzen, ohne auf das folgende zu achten.)

Neunte Scene.

Robert, Resi.

Robert (kömmt in heiterster Laune wieder aus dem Wirthshaus). Ha! ha! die Zech war leicht bezahlt, — mit einer Hoffnung, die ich dem Wirth machte!

ha! ha! ha! (gegen das Wirthshaus zurücksprechend). Du hast gehofft — Dein Lohn ist abgetragen! — Der Wein wäre allerdings sehr gut für eine Armee — er hat mich gleich ermuthigt zum Einhauen — in die Schinken nemlich! Ha! nun fühle ich mich wieder als Mann! Mein Unternehmungsgeist ist aufgefrischt, und ich habe jetzt Muth weiter ins Innere des Ortes einzudringen! (geht gegen die Seite, wo Resi sitzt; von ihrem Anblick überrascht, zurücktretend, für sich). Was ist das? Eine fleischgewordene Idille unter dem Hollunderstrauche! — eine lebendige Vignette zum Käthchen von Heilbronn! Herr Gott, wer hier Wetter von Strahl wäre!

Resi (ohne ihn zu bemerken, seufzt auf, und fährt sich dann mit der Schürze über die Augen).

Robert (für sich). Seufzer und Thränen? — Ah — da ist; es ja Christenpflicht, als Tröster zu erscheinen! (schleicht näher zu ihr, und zieht ihr die Hand mit der Schürze von den Augen, während er lächelnd seinen Kopf zu ihr niederbeugt).

Resi (heftig erschreckt, fährt vom Sitze auf). Mein Gott! — wer ist?! — (sieht ihn staunend an, verwirrt) Was wollts denn? — Wer seid's? —

Robert. Ein Mensch, der keine Thränen in so lieben Augen sehen kann! (sich ihr wieder nähernd). Wer hat denn Dir etwas zu Leid gethan? — wer war dies zu thun im Stande?

Resi (für sich). Das ist so ein freundlicher — und (ihn von seitwärts betrachtend) so ein schöner Mensch! — Die Augen!

Robert. Was ist das für ein Echo? (sieht sich um).

Resi (Franz erblickend). O mein Gott! (steht verwirrt und bebend, sprachlos da).

Robert (leise zu Resi). Ha! mir scheint, das ist Dein Habicht? — soll ich — ? (macht eine Bewegung mit dem Stocke)

Franz (seine Aufregung bemeisternd). Resi! — Dein Vater und ich haben immer auf Dich g'wart — ich wollt Dich aufsuchen, da sagen mir die Mädeln aus dem Ort, daß Du da — (mit einem finstern Blick auf Robert).

Robert (trotzig). Was für ein Recht habt Ihr, das Mädel zur Red' zu stellen?

Franz. Ich bin — wenigstens bis jetzt noch — ihr Bräutigam!

Robert (aufs Neue überrascht). Bräu — Bräutig —

Franz. Ob ich's nach dem, was hier vorgegangen ist, und was nicht nur ich — was so viele Leut' g'sehen haben, noch bleiben kann — darüber (zu Resi) wollen wir mit Deinem Vater reden!

(Rufe vom Hintergrunde her.)

Vivat der Herr Bürgermeister! Vivat hoch!

(Die Bauern drängen sich alle nach dem Hintergrund.)

Resi (ängstlich). Der Vetter! Um Gotteswillen! (sich umsehend und die lauschenden Mädchen erblickend). Die Leut! — Die Schand! — wer rett' mich?

Robert (rasch). Ich! (zu den Mädchen) Nur näher herbei! — Ha, habt Ihr die Köpfe zusammengesteckt? Glaubt Ihr was gesehen zu haben, was Euren bösen Zungen Stoff zum Tratschen und Klatschen geben hätt? — Nun denn! — so bleibt Alle da — bis der Vater des Mädchens kommt, und seht auch dann zu, wie ich vor seinen Augen das Mädchen umarme und küsse!

Zwölfte Scene.

Vorige, Hochfelder, Susanne.

Hochf. (kommt im Sonntagsstaate mit Susannen vom Hintergrunde her, die zu beiden Seiten eine Gasse bildenden Bauersleute herablassend grüßend). Servus, allerseits, Servus! (kommt in den Vordergrund, Franz und Resi erblickend, zu Franz) Na, habt's mein Dirndel doch g'funden? (zu Resi) wo bist denn so lang g'steckt? (sie befremdend ansehend.) Wie schaust denn aus? — und der? — (Robert ansehend).

Robert (heiter). Seht mich an, würdiger Bürgermeister! — Fragt Ihr mich um meine Legitimations-Karte? die Stimme Eures Blutes wird Euch Antwort geben?

Hochf. Stimm' des Blut's? — Mei Blut hat gar ka Stimm'!

Robert. Nun denn, so applire ich an ein besseres Blut! (zu Susannen, im Tone der Rührung) Seht Ihr mir in's Auge — Frau (breitet seine Arme aus).

Susanne (ihn jetzt erst erkennend). Um Gotteswillen! — wie wird mir denn? (laut aufschreiend.) Mei Robert! — mei Sohn! (sinkt schluchzend in Roberts Arme.)

Franz, Resi und die Bauern. Ihr Sohn?

Hochf. (in Wuth). Was? — der da? — der — da?! (steht in höchster Erbitterung, seinen Stock in der vor Galle zitternden Hand schwingend).

Robert (zu Susannen). Mutter! laßt mich jetzt — mein lieber Oncle hat auch ein Anrecht auf mich! (reißt sich von ihr los, und stürzt sich gewaltsam dem vergeblich zurückweichenden Hochfelder in die Arme.) O mein guter — lieber — theurer Oncle!

Hochf. (sich vergebens wehrend). Hat ihn denn der Teuf — — —

Robert (schnell und leise zu ihm). Wir sind nicht allein — Europa sieht auf uns! — keine Familien-Blamage! (wieder laut, ihn neuerdings umarmend) Ach! der gute Oncle! — Er findet keine Worte — und auch ich — die Rührung! — ich kann nicht sprechen — nur Herz an Herz! — alle — alle! und (reißt sich von Hochfelder los, zu Resi) auch Du, meine liebe Cousine! der ich mich zuerst zu erkennen gab — komm jetzt noch einmal an mein Herz! Laß Dich umarmen und küßen? (umarmt und küßt Resi — dann sich zur Versammlung wendend) Honni soit, qui mal y pense!

Hochf. J tanz? Ich will ihm's Tanzen vertreiben.

Robert. Alle sollen tanzen und der Herr Bürgermeister auch. (Tanzt mit Resi.)

(Alle tanzen). ·

(Die Mädchen nehmen Hochfelder in die Mitte und tanzen mit ihm, er sucht vergebens sich zu wehren und unter Lachen und Juchherufen fällt der Vorhang.)

Zweiter Akt.

(Stube Susannens im Hause Hochfelders, mit einer Mittel- und zwei Seitenthüren. Im Hintergrunde führt eine Treppe zur Thür eines Dachkämmerchens).

Erste Scene.

Susanne. Lisi. Kathi, andere Mägde.

Die Mägde (sitzen an einem Tische, mit Nähen von Weißwäsche beschäftigt).

Susanne (steht an einem andern Tische, Linnen zuschneidend). Na, Lisi! bist noch nicht fertig mit dem Einsäumen? — Ihr kommt wieder gar nicht vom Fleck; wenn der Herr z'Haus kommt und ich kann ihm nicht zeigen, daß d' Arbeit vorwärts gangen ist, gibts wieder a Spektakel!

Lisi (trotzig). Wenn der Herr glaubt, daß sich so ein' Arbeit herzaubern laßt, hätt' er sich zum Nähen a paar Dampfmaschinen kaufen sollen!

Kathi. Na ja, wir stechen eh' drauf los, daß uns völlig b'Finger wegfallen!

Zweite Scene.

Vorige. Resi.

Resi (ist während Kathi's Rede durch die Seitenthür rechts eingetreten). Zu was plagts Euch denn auch so? — gönnt's Euch a Feierstund!

Susanne. Wir dürfen ka Minuten feiern, wenn die Ausstaffirung zu Deiner Hochzeit in 14 Tagen fertig sein soll!

2 *

Refi. In 14 Tagen? — mei Hochzeit? — was fallt Euch ein?

Susanne. Aber der Vater hat doch gsagt.

'Refi (gereizt). Ich glaub doch, ich hab auch a Recht b'rein z'reden! Und ich mag einmal nicht so in den Ehstand hineing'hetzt werden! — Gott sei Dank! ich kanns erwarten! (zu den Mägden) Drum laßts jetzt nur b' Arbeit liegen! (nimmt einer der Mägde die Arbeit selbst aus den Händen, und wirft sie fast mit Heftigkeit auf den Tisch.)

Susanne (läßt ebenfalls ihre Arbeit liegen und sieht Refi ganz verwundert an).

Lifi (vom Sitz aufstehend). Na, wenns die Jungfer Refi bei ihren Vater verantworten will, uns kanns recht sein! (zu den andern Mägden) Kommts, gehn wir in Garten! (mit den übrigen Mägden durch die Mittelthür ab.)

Susanne (sich noch immer von ihrem Erstaunen nicht erholend). Refi! Ich kenn mich nicht aus mit Dir! — Z'erst hast Dich ang'stellt, als ob Du lieber heut als morgen s' Myrthenkranzl Dir in b' Haar flechten möcht'st, und jetzt —

Refi (dem Weinen nah). Frag mich die Mahm nicht — ich kann ihr ka Antwort geben! (finkt in einen Stuhl am Tische, und drückt ein Stück des Leinenzeugs an die Augen.)

Susanne (besorgt). Jetzt weints gar! (tritt zu ihr) Refi! Mei Kind! was hast denn? — Es hat doch nicht ein Auftritt mit Dein Bräutigam geben?

Refi. Nein, nein — der ist so gut gegen mich, wie immer, und ich — (wie in Verzweiflung) O Gott! o Gott! ich weiß mir nicht z'helfen!

Susanne. Du erschrickst mich völlig! — Refi! bin ichs denn nicht werth, daß b' Dich mir anvertraust? (sie liebkosend) geh, mei Kind, red!

Refi (steht auf, sich gleichsam einen Rand nehmend). Mahm! was antwort mir die Mahm, wenn ich ihr sag: — ich mag — ich kann den Holdinger nicht heirathen?

Susanne (überrascht zurücktretend). Was?

Refi. Na! — so gebts mir a Antwort!

Susanne (die Achsel zuckend). Wenn ich b' Wahrheit reden soll — ich finds begreiflich! — Aber warum hast denn hernach gestern. —

Refi (sinnend vor sich hinblickend). Ja — gestern —

Susanne. Der Franz ist doch seit gestern kein' And'rer worden!

Refi. So sein meine Augen and're worden! Gestern war ich ihm noch wirklich gut! — ich bin ihm's eigentlich heut auch noch — aber — wenn ich ihn heut anschau, und mir denk: mit dem sollst immer leben, und, wannst nur an ein Andern denkst, so ists schon a Sünd! —

Susanne (aufmerksam werdend). Wannst an ein Andern denkst? — Ja — gibts denn so ein — „Andern?"

Refi (sieht schweigend vor sich hin).

Susanne (ängstlich und immer dringender). Refi! ich bitt Dich um Alles auf der Welt! bleib' nicht bei ein halben G'ständniß — jetzt mußt mir schon Alles sagen, wenn ich Dir rathen, wenn ich helfen soll!

Resi (stehend). Mahm! werds es aber auch gwiß bei Euch b'halten, und Niemanden sagen! hört's, — Niemanden!

Dritte Scene.

Vorige. Robert.

Robert (tritt aus der Thür des Dachstübchens; für sich). Was hör' ich denn da für eine Stimm? (bleibt, Resi erblickend, auf dem obern Treppenabsatze stehen).

Susanne (zu Resi). G'wiß — ich schwör Dirs — also sag: Wer ist der And're?

Resi (anfangs stockend). Es ist — (stürzt Susannen in die Arme und birgt verschämt ihr Gesicht an deren Brust) Euer Sohn!

Susanne (fast erschreckt). Mei — mei Sohn?! — der Robert?! — Kind! Um Gotteswillen! wie ist denn das kommen?

Resi. Weiß ich's selber? — Gestern, wie er mit mir g'redt hat, ach, so lieb hat noch Niemand mit mir g'redt! — mir wars grad wie a Musik, zu der a unsichtbare Stimm in mein Herz a Lied singet! — und dann beim Tanz — (mit einem gewissen Stolze) er hat mit keiner Andern tanzt, als mit mir, und wie er mich so mit dem Arm umfaßt, und an sein Brust zogen hat — da ist mir völlig schwindlich word'n — d' ganze Nacht hab ich im Traum noch d' Musik g'hört, und den Robert vor mir g'sehn — bis auf einmal was, wie a schwarze Wolken dazwischen g'rauscht ist — es war a Habicht — und der — Gott verzeih mir die Sünd! —

der hat's Gsicht vom Holdinger Franz g'habt — aber wie er auf mich zuwollen hat, da hab ich wieder den Robert sein Stimm' g'hört: „Ich rett Dich" —

Robert (noch auf dem Treppenabsatze laut). Ja — Ich rette Dich!

Resi (im höchsten Schreck, aufschreiend). Jesus Maria! (will rasch durch die Mittelthür entfliehn.)

Robert (ist aber in mächtigen Sätzen die Treppe herabgesprungen, und hält sie unten an der Thür zurück). Nein, nein! Du darfst jetzt nicht fort! — Resi! himmlische Resi! — Ich hab Alles g'hört!

Resi. Laß mich! — Ich vergeh vor Scham!

Robert (sie mit sich vorwärts ziehend). Warum schämen? Ich hab dieselben Gefühle für Dich, wie Du für mich, und ich bekenne es hier in Gegenwart meiner Mutter, ich liebe Dich bis zum Wahnsinn!

Resi (voll Seligkeit). Robert! (will an seine Brust sinken; besinnt sich aber, tritt zurück, ernst). Aber — Du weißt — ich die — Braut!

Robert. Was genirt das? Es steht nur geschrieben: „Du sollst nicht begehren Deines Nächsten Hausfrau!" — von einer Braut gar keine Rede — also kann ich Dich begehren!

Susanne. Aber Du wirst sie niemals kriegen, niemals! Du weißt, wie der Resi ihr Vater von Dir denkt! wie ich hab bitten müssen, bis er nur erlaubt hat, daß Du über Nacht in sein Haus bleiben, und da in dem Dachkammerl schlafen därfst!

Robert. Gestern wußte er noch nicht, was ich für Absichten auf seine Tochter habe. —

Susanne. Ja, wenn er das erst erfahret, ich glaub, er ließ Dich von den Knechten hinauswerfen!

Robert (sich hinter den Ohren kratzend). Glauben Sie? — (wieder Muth fassend) Aber nein, nein! jetzt hab ich fremde Simpathien — mächtige Alirten, jetzt wagt er sich so leicht nicht an mich! Zuerst Du (zu Resi, sie umschlingend) und dann Sie, liebe Mutter! — Ihr werdet für mich kämpfen!

Susanne. Ich! — (ängstlich) Nein, nein, mich laßt's aus dem Spiel! — Ich will von gar nichts was wissen!

Robert (zu Susannen). Wie? sind Sie mit meiner Wahl nicht zufrieden?

Susanne. Mein Gott! é' wäre mein sehnlichster Wunsch erfüllt. —

Resi. Na also! So steht's uns bei! — ich will Euch dafür lebenslang auf den Händen tragen!

Robert (zu Susannen). Und ich versprech Ihnen die schönsten Enkel, die Sie auf Ihren großmütterlichen Schooß wiegen sollen!

Susanne (nachgebend). Na ja — nachhelfen will ich schon — aber den Anfang muß die Resi machen!

Resi (ängstlich). Ich?!

Susanne. Ja, Dir kann Dein Vater nichts abschlagen, er hat Dich viel z' lieb — und wenn er auch im Anfang a bißl schiefrig wird, und wild thut, bleib Du nur fest dabei — schreck ihn damit, daß b' krank wirst und stirbst!

Resi. Ach Gott! ich glaub, das geschehet auch wirklich!

Robert. O wunderliebes Mädchen! Aber auch ich könnte nicht mehr leben ohne Dich, wir Beide sind nur vereint unsers Lebens sicher! (sie wieder umschlingend) Wir bilden also zusammen eine wechselseitige Lebensversicherungs-Anstalt, und ich erlege meinen Antheil zum Betriebs-Capital! (küßt sie innig und wiederholt.)

Vierte Scene.

Vorige. Hochfelber.

Hochf. (tritt, den Hut auf dem Kopfe und den Stock in der Hand, durch die Mitte ein, bleibt beim Anblicke der Liebenden wie erstarrt stehen und läßt den Stock fallen).

Susanne (sich umsehend, aufs heftigste erschreckt). Um Gotteswillen! der Vetter!

Resi (aus Roberts Armen zurückfahrend). Der Vater!

Robert (leise zu ihr). Muth gefaßt! jetzt gilts!

Hochf. (nach Athem ringend). Ich — ich komme gar nicht zu Athem! (eilt endlich vorwärts, wüthend). Resi! und (zu Robert) Er — er! —

Robert (ganz gefaßt). Guten Tag, Herr Onkel!

Hochf. Er hat noch die Courage mir ins G'sicht zu schauen?! — Und du — (zu Resi) ungerathenes Kind! Dich treff ich so?! und sie (zu Susannen) Mahm! sie steht dabei und schaut zu?! — — Ja, was fang ich denn an?! wen zerreiß' ich denn z'erst!?

Resi (hat sich mühsam gefaßt). Vater! laßt's mich ein ernsthaftes Wort zu Euch reden! — Ich will den Franz nicht mehr als Bräutigam!

H o ch f. (aufs Neue erstarrt). Nicht mehr — Bräutigam?! — Hast Du ihm nicht selber freiwillig Dei Jawort geben — erst gestern?

R e ſi. Gestern hab ich noch nicht g'wußt, was Lieb ist!

H o ch f. Und heut — heut weißt es? Wer hat Dir denn a Lection geben? Aha! (auf Robert weisend) da steht der Lehrmeister, der die neue Method, in a paar Stund verliebt z'werden, erfunden hat! Na, wart, dem muß ich doch s' Schulgeld zahlen! Wo ist denn mein Stock? (will zurück.)

R o b e r t (ihn zurückhaltend). Ruhig! Bedenkt, ich bin Euer Blutsverwandter!

H o ch f. Blutsverwandt — mit ihm?! — Ich laß mir heut noch zu Ader, damit das schlechte Blut hinaus kommt. (zornig, gegen die Thür weisend) Hinaus! augenblicklich hinaus!

R e ſi (zu Hochfelder tretend, schmeichelnd). Vater! lieber Vater; Ihr werds doch Euer eigenes Kind nicht unglücklich machen wollen?!

S u ſ a n n e (auf Hochfelders andere Seite tretend, zu ihm). Vetter! Ihr seids doch immer ſo a guter Vater g'weſen!

R e ſi (wieder ſchmeichelnd). Und Ihr seids noch!(ihm die Wange ſtreichelnd) Ihr könnts mir mein' einzigen Herzenswunsch nicht abschlagen!

H o ch f. (abwehrend). Laß mich — ich bitt Dich — laß mich!

S u ſ a n n e. O, er wird schon erweicht — ich ſehe ihms in den Augen

an, dem lieben guten Vetter! (will ihn ſchmeichelnd am Kinn faſſen.)

H o ch f. (aufbrauſend), Himmel Herrgott! jetzt kommt mir die alte Hauskatz auch noch mit ihren Pfoten ins G'ſicht! — Z'ruck da — alle zwei! (macht ſich von ihnen los) Ihr erweicht mich nicht! Es bleibt bei dem, was ausgemacht iſt, ſo wahr, als Gott —

R e ſi (verzweifelnd). Schwörts nicht, Vater! Ihr brecht mirs Herz! — Wenn's nicht nachgebts, ſo laßt mir a Todtenhemd machen ſtatt dem Brautkleid — denn den Hochzeitstag erlebe ich nicht! (ſinkt weinend in einen Stuhl).

S u ſ a n n e (zu ihr eilend und ſie beſchwichtigend). Reſi! — das arme Kind! — Vetter! ſchauts es nur an!

R o b e r t (beſorgt, ebenfalls zu Reſi eilend). Uns Himmelswillen, ſie iſt leichenblaß!

H o ch f. (etwas erweicht). Reſi! — (will zu ihr, beſinnt ſich aber raſch — ſtehen bleibend) Nein! ich wills nicht anſchauen! — Dasmal dárf ich mich durch nichts zum Nachgeben zwingen laſſen! (heftig zu Robert) Weg von dem Mädel! hinaus aus dem Haus, oder ich laß ihn durch den Wachter aus dem Ort peitſchen! (faßt ihn am Arm, um ihn wegzureißen).

Fünfte Scene.

Vorige. Franz Holdinger.

F r a n z (tritt eben durch die Mitte ein, bleibt aber anfangs überraſcht von der Scene, im Hintergrunde ſtehen).

R e ſi (ängſtlich aufſchreiend). Vater! ka Gewalt! Es nutzt Euch nichts! wenn Ihr auch den Robert fortſtoßt, und mich zur Hochzeit mit dem Franz schleppts — ich schrei am Altar: Nein — in Ewigkeit nein!

Hochf. (wüthend) Und ich gib Dir mein Fl — —

Franz (rasch vortretend und die Hand auf Hochfelders Schultern legend) Sprechts das Wort nicht aus!

Hochf. (sich überrascht umsehend). Ha! Ihr seids da? (zu Resi gewendet) Da hast es jetzt!

Resi (sich vom Sitze erhebend — vollkommen gefaßt, zu Franz). Es ist gut, daß Ihr g'kommen — grad jetzt g'kommen seids! — Ihr habts g'hört —

Franz (mit gesenktem Haupte). Was mir schon seit gestern Abend g'ahnt hat!

Resi. Mein Vater ist taub für sein eigenes Kind, drum will ich zu Euch reden — Euch hab ich mein Jawort geben, Ihr habts a Recht auf mich! — Aber Ihr wißt jetzt, wie Alls steht! — Faßt jetzt Euern Entschluß! B'steht Ihr drauf, daß ich Euch heirath — — dann (resignirt) in Gottesnamen! werd ich das Versprechen, was ich Euch als ein unüberlegtes Kind geben hab, — erfüllen!

Hochf (aufathmend). Na, Gott sei Dank! das ist das erste vernünftige Wort, was ich höre!

Resi (sieht Hochfelder mit einem beinahe bemitleidenden Blick an, dann zu Franz). Überlegts Euch Alles wohl — und rufts mich, wenn Ihr mir ein B'scheid sagen wollts! (geht in die Seitenthür rechts ab.)

Susanne (folgt ihr, mit dem Ausdrucke der Besorgtheit).

Hochf. Der B'scheid ist bald geben! (zu Franz) Na, s'hängt jetzt nur von Euch ab — warum redts denn nicht gleich?

Franz (macht mit der Hand eine abwehrende Bewegung, geht, wie in sich zusammengebrochen, zu einem Stuhle, sinkt auf denselben, und drückt die Hand an die Stirne).

Hochf. (ihn betrachtend, mitleidig, für sich) Der arme Mensch! Mir scheint, es hat ihm ganz d'Red verschlagen! (will zu ihm, bemerkt aber, daß Robert noch anwesend ist, barsch zu diesem). Was macht Er noch da? Fort! hinaus! Laß er sich nicht mehr vor meinen Augen sehen!

Robert. Um Vergebung! — Ich bin Mitconkurrent, ich muß doch auch erst den B'scheid abwarten!

Franz. Ja, er soll warten — ich hab vielleicht mit ihm auch noch was zu reden!

Hochf. (wie oben, zu Robert) So pack Er sich da hinein (auf die Seitenthür links weisend) und wart Er, bis man ihn ruft!

Robert. Ich werd eine gute Nummer sein und auf den ersten Ruf herauskommen! (verneigt sich, und geht links ab.)

Hochf. (zu Franz). Na also! Ich glaub, da brauchts ka lange Überlegung!

Franz. Nein — gar keine! A Mann, der im Voraus weiß, daß a Mädel in ein andern verliebt ist, und sie doch zum Weib nimmt, der ist entweder a dummer, oder a schlechter Kerl! — Na, ich glaub, Ihr werds mich für kein' von Beiden halten!

Hochf. (sehr enttäuscht). Was? — das schaut ja aus, als ob auch Ihr?! — na, seids so gut! — jetzt, wo Alles in der schönsten Ordnung war, wo ich Euch gestern noch über mein Activ- und Passiv-Stand reinen Wein eing'schenkt hab, und wir ausg'macht haben, wie Ihr Alles arrangiren wollt —

Franz. Was ich Euch versprochen hab, werd' ich auf jeden Fall halten —

Hochf. Na, schön, arrangirt Ihr mei Verhältniß, so will ich dafür Euer Verhältniß mit der Resi wieder rangiren! — Laßt's Euch wegen dem Robert ka graues Haar wachsen, wenn der erst vierzehn Tag lang aus'n Dorf draußen ist, so hat sie ihn wieder vergessen! — Und dazu werd' ich schon Mittel finden.

Sechste Scene.

Vorige, Kupferstein.

Kupf. (tritt durch die Mittelthür ein). Ah, da treff' ich Euch ja, Herr Bürgermeister!

Hochf. Ihr da? — Ihr kommt g'rad zur ung'legensten Zeit!

Kupf. (dringend). Ich brauch nur a ganz kleine Auskunft —

Hochf. Da kommt morgen auf's Amt. —

Kupf. Wie heißt morgen? Bis morgen kann doch der Vogel schon geflogen sein über alle Berg!

Hochf. Der Vogel? — Von was für ein Vogel redts denn?

Kupf. Von ein' lustigen Vogel! Neppich! Mich hat er gemacht, trau-

rig! Ist er doch, während ich gestern heraus war, fort aus der Stadt, hör ich, daß er ist daher, gegen das Ort — hab ich doch gleich wieder eingespannt und bin ihm nach, und wend mich jetzt an Euch, als große Obrigkeit, daß Ihr sollt helfen ein armen Mann zu sein Recht!

Hochf. (etwas geschmeichelt und sich in die Brust werfend) Ja, dazu muß ich mir freilich immer Zeit nehmen! — So viel ich aus Euren Reden merk, ist Euch a Schuldner durchgangen?

Kupf. (sich verwundert stellend). Gott! was für ä Verstand hat der Herr Vorgermeister! 's ist wirklich so!

Hochf. Also: wie heißt er? was ist er? wie soll er ausschaun?

Kupf. Sein Name ist Robert Sturm!

Hochf. (wie elektrisirt). Rob — (wirft einen bedeutenden Blick auf Franz, dann hastig zu Kupferstein). Was habt Ihr für a Forderung an ihn?

Kupfer. Baare dreihundert Gulden! — hab ich sie ihm doch geliehen aus purer Barmherzigkeit, und weil er mir gesagt hat, er hat ein reichen Vetter —

Hochf. Hat er g'sagt? — Aber weiter! habt Ihr was schriftlich's?

Kupf. Nicht werd' ich haben?! — da — da (zieht Papiere aus der Seitentasche) sein die Papierchens, gestempelt und petschirt von Advokaten und 's Gericht! (gibt ihm die Papiere)

Hochf. (durchsieht sie, mehr zu Franz) Personal-Arrest!

Kupf. Ich hab's erwirkt — aber was nutzt mir's Arrest, wenn ich nicht hab die Person! Aber wenn Sie mir zu der verhelfen, laß ich ihn transportiren in die Stadt, und laß ihn sitzen, bis sein Vetter weich wird und zahlt!

Hochf. (herausplatzend). Da kann er sitzen bis zum jüngsten Tag! (leise zu Franz) Da haben wir ja die beste G'legenheit —

Franz (ebenfalls leise). Was fällt Euch ein! Herr Hochfelder! Ich will nicht davon reden, daß er Euer Verwandter ist, aber er ist doch als Gast in Euern Haus — Ihr könnt — Ihr dürft ihn nicht ausliefern!

Hochf. (leise). So geb' ich ihm ein' Wink, daß er g'sucht wird, da macht er sich aus dem Staub, und läßt sich sobald nicht wieder hier sehen!

Franz (leise). Das könnt Ihr wieder als Burgermeister nicht thun!

Hochf. (leise). Das ist wahr! — Aber zum Teufel! wir können uns doch die Gelegenheit nicht auskommen lassen, auf so gute Art seiner los z'werden!

Franz (leise). Ich müßt mich vor mir selber schamen, wenn ich in mein jetzigen Verhältniß von so einer G'legenheit ein Gebrauch machet! Nein, Herr Hochfelder! da gibt's kein andern Ausweg als (auf Kupferstein weisend) zu zahlen!

Hochf. (erstaunt, laut ausrufend) Zahlen?!

Kupf. (für sich, aufhorchend). Was schmüsen Sie von Zahlen?

Hochf. Ich — zahlen — für den Lumpen?

Kupf. (hastig). Herr Borgermeister! — Wenn Sie wollen zahlen, kann ich Ihnen schon sagen, daß die Papierchen sein gut! — Der Herr Robert Sturm ist kä Lump — hab ich doch schon oft gemacht Geschäfte mit ihm! Wann er Geld gehabt hat, hat er mich immer gezahlt proper!

Hochf. Wenn man a Geld hat — zahlen ist ka Kunst — aber ein ehrlicher Mann —

Kupf. Wird doch auch nix bezahlen, wenn er ka Geld hat! — Leicht ist der Herr Robert Sturm, leicht wie Haarpuder! aber er hat doch a gutes Gemüth, und wenn er hätt and're Verwandte, und nicht ein Vetter, der sich nix umschaut um ihn, und wenn er Hilf begehrt, ihm nur schreibt Grobigkeiten, und ihn doch läßt stecken im Schlamassel! — so ä Filz — so a Ganef — pfi!

Hochf. (aufbrausend). Jetzt habt's Zeit, daß weiter kommt's!

Kupf. Wie heißt weiter kommen? Steh ich doch hier vor der Obrigkeit, und will mei Recht —

Franz (rasch). Und das soll Euch werden! (zieht eine große Brieftasche und aus dieser Banknoten heraus, welche er Kupferstein gibt). Da habt Ihr Euer Geld — ich b'halt Eure Papiere!

Kupf. (schnell nach dem Gelde langend und es überzählend). Wahrhaftig — Alles in Ordnung! Gott über die Welt! — Ist in dem Ort a Justiz! — Das Gericht selber zahlt! Warum ist das nicht eingeführt überall?

Franz. Na geht nur — geht!

Kupferst. Ich geh! — Sollen auch leben, und sollen Ihnen gut anschlagen die Papierchen, und wenn Sie den Herrn Robert Sturm sehen, grüßen Sie ihn von mir, und sagen Sie ihm: wenn er wieder braucht ä Geld, könn er's wieder haben! (mehr für sich.) Weiß ich doch jetzt, wo ich ihn hab zu verklagen! (abgehend). Scholem, alaichem! (ab durch die Mitte).

Hochf. (noch immer ganz erstaunt, zu Franz). Ich begreif Euch nicht!

Franz! Hm! ich hab halt einmal a Geldg'schäft g'macht! Mir sein die Papier gut! (geht wieder zum Stuhl und setzt sich).

Hochf. Aber wir sein von der Hauptsache abkommen — die Entscheidung wegen meiner Resi —

Franz. Die hab ich Euch bereits geben!

Hochf. Nein, nein, dabei kann's nicht bleiben! Franz! Ist Euch denn die Resi ganz gleichgiltig wor'n?

Franz (innig, aber schmerzlich). Mir — gleichgiltig?

Hochf. Na also! dann muß Euch ja doch ihre Zukunft — ihr Glück am Herzen liegen!

Franz. Sie hat Euch ja g'sagt, mit wem sie ihr Glück z'machen glaubt!

Hochf. Mit'n Robert vielleicht? mit dem Burschen, der nichts ist, nichts hat, nichts arbeiten will, der sich vermuthlich nur deßwegen an sie ang'macht hat, weil er mich für ein reichen Mann halt, und wenn ich d'Augen zumach, den Rest von meiner Hab' auch noch durchbringen, und sie dann mit a paar Kinder in Noth und Elend sitzen ließ, daß's a Bettlerin, oder — aus Noth a schlechte Person werden müßt? — Franz! das hätt's Ihr vor Gott z'verantworten! Überdenkts das, und dann sagts mir: Wollt Ihr die Resi aufgeben?

Siebente Scene.

Vorige, Resi, Robert.

Resi (tritt leise, ängstlich horchend, aus der Seitenthür rechts.)

Robert (tritt gleichzeitig aus der Seitenthür links, für sich). Die Conferenz dauert lang!

Franz (der von Hochfelders letzter Rede sichtbar ergriffen wurde, endlich einen Entschluß fassend und sich vom Sitze erhebend, mit fester Stimme) Nein! Ich gib sie nicht auf!

Resi (stößt einen Schrei des Schmerzes aus).

Hochf. (sich rasch umsehend). Du bist da?

Robert (vortretend). Und ich auch! (trotzig zu Franz). Herr, jetzt haben wir noch a Wort mit einander z'reden!

Franz (ernst und gelassen). Ja — wir haben noch viel mit einander z'reden! — Zuerst aber, Resi! hör Du mich an!

Hochf. (führt Resi vor).

Resi (schmerzlich). Was soll ich noch anhören?

Franz (ohne Resi anzusehen). Du hast selber g'sagt, Du wirst thun, was ich beschließ; Du hast gestern Dein Schicksal in mein Hand g'legt, und ich wills in meiner Hand b'halten! — Nicht wahr, Herr Hochfelder! Ihr übertragt auch Eure Rechte an mich!

Hochf. Ja — ja — das thu ich!

Franz. So bleib' ich also Dein Verlobter!

Resi (schmerzlich). Oh!

Franz (rasch fortfahrend). Die Hochzeit aber wird — hinausg'schoben!

Hochf. (erstaunt). } Hinaus-
Resi (etwas aufathmend). } g'schoben?

Franz. Auf a Jahr — oder zwei Jahr, denn wenn Du zum zweiten Mal, und bindend für alle Zeiten Dein „Ja" aussprichst, sollst Du — ka Kind mehr sein! — Jetzt (zu Hochfelder) führts Eure Tochter wieder auf ihr Stuben! — gebts ihr aber kein böses Wort mehr! — und (auf Robert weisend) laßts mich mit dem allein!

Hochf. Komm, Resi! Ich will Dir Alles verzeihen, denn ich hoff Du wirst bald selber zur Einsicht kommen, was d'für ein Mann an dem Mann hast! (führt Resi in das Seitenzimmer rechts ab.)

Robert (zu Franz). Also — das war Euer letztes Wort? Ihr bleibt bei Eurem Entschluß?

Franz. Ihr habt's g'hört!

Robert. Die Resi hat von Euch wohl einen ganz andern Ausspruch erwartet, — aber Leute Eures Standes sind keines Edelmuthes fähig!

Franz. Ihr werft mir meinen Stand vor? — Ihr? — 's ist wahr, ich bin nichts, als ein Bauer — aber Ihr — wer seid denn Ihr? —

Robert. Etwas, was Ihr nie mehr werden könnt — ein junger, kräftiger Mann!

Franz. Aber ich (sich etwas anrichtend) bin ein ehrlicher Mann! Könnt Ihr das auch noch werden?

Robert (beleidigt). Noch werden? — Wer sagt Euch, daß ich 's nicht bin?

Franz. Hm! wenigstens die Leut in der Stadt, von wo Ihr durchgangen seid, weils Gott und dem Teufel schuldig seid's!

Robert. Gott und dem Teufel? — Verleumdung! Das sind gerade die einzigen zwei Personen, denen ich nichts schuldig bin! Und überhaupt, wenn Jeder, der Schulden hat, schon unehrlich wäre, so gäb' es gar keine ehrlichen Staaten!

Franz. Ja, wann Einer, der Schulden hat, nicht zahlen kann, ist's was anders, wann aber Einer 's Kapital mit sich herumtragt, so wie Ihr, und doch nicht zahlt, dann —

Robert (erstaunt). Ich — ein Kapital? (steckt beide Hände suchend in die Taschen). Ich werd Euch sehr dankbar sein, wenn Ihr mir auf die Spur helft!

Franz. Um das Kapital z' finden, müßt's Eure Händ' nicht in die Taschen stecken, müßt's arbeiten! Aber freilich! komoder ist's schon, sich an a reichs Madl anmachen, und dann mit ihrem Geld seine Schulden zahlen!

Robert (empört). Schulden zahlen! — Gott ist mein Zeuge! daran hab ich nie gedacht! Wer könnte überhaupt, wenn er so ein Engelskind, wie die Resi, anschaut, noch an's Geld denken?

Franz. Thut auch Jeder wohl daran, der bei ihr nicht an Geld denkt, denn (vertraulich, aber ihn dabei scharf in's Auge fassend) ich sag Euch das,

um Euch auf andere Gedanken z'bringen — 's nicht Alles Gold, was
glanzt — der Resi ihr Vater hat
nichts mehr — steckt selber in Schulden!

Robert (erstaunt). Was sagt Ihr?

Franz. Die reine Wahrheit! Er
kann sein Schwiegersohn nichts geben,
er braucht ein', der ihm heraushilft!
— Na, wenn ich jetzt mei bisherige
Wirthschaft verkauf und die kleinere
da nebenan auszahl, bleiben mir netter
zehntausend Gulden baar — die hab ich
ihm z'leihen versprochen! — Ja, wann
ich das nicht thun könnt, ich glaub,
er nehmet sein Wort noch heut z'ruck!

Robert (losplatzend). So? — so?
— Also förmlicher Menschenhandel!
— Ei, so wollt ich doch, daß in die-
sem Augenblicke der Blitz in Eure
Wirthschaft einschlüge, und sie so zu
Staub und Asche verbrennte, daß Ihr
nicht fünf Groschen dafür bekämt!

Franz (erschreckt zurücktretend). Hört
— das ist ein böser Wunsch! —

Robert (immer aufgebrachter). Glaubt
Ihr denn, daß ich Euch etwas Gutes
wünsche? Nein — ich steh im offenen
Krieg mit Euch — ich bin Euer intim-
ster Feind!

Franz. Da wärt Ihr wohl gar
im Stand —

Robert. Alles Mögliche zu thun,
was mich und die Resi von Euch be-
freien könnte! (in Wuth übergehend). Ich
rath Euch, geht mir aus dem Weg,
wo Ihr mich seht, — denn (die Hände
geballt gegen ihn ausstreckend) ich könnt einmal den Beruf in mir fühlen ein Weg-
räumer zu werden, und —

Franz. Und — a Verbrechen z'begeh'n!

Robert (zuckt bei diesen Worten zusammen und läßt die Arme sinken).

Franz (nach einer kurzen Pause gelassen).
Schaut's, da denk ich anders! Ich hätt'
mir auf a g'setzliche Art Euch wenigstens auf a Jahr aus'n Weg schaffen
können —

Robert. Ihr? — das möcht' ich
doch sehen!

Franz. Das sollt's sehen! — da, da
— schaut's her! (hält ihm die früher von
Kupferstein übernommenen Schriften unter die
Augen.)

Robert (blickt sie an und prallt zurück). Mein Wechsel — in Euren Händen?! — Diese Waffe ist gegen das
Völkerrecht!

Franz. Sehts, ich hätt' dem Wuch-
rer nur sagen dürfen, daß Ihr da drin
in der Stuben seid's, und er hätt Euch
in's Arrest abführen lassen! —

Robert (etwas verlegen). Und Ihr —
habt es nicht gethan?

Franz. Nein, ich hab den Wechsel eing'löst ——

Robert (kleinlaut). Weil Ihr wahrscheinlich das Vergnügen haben wollt,
selbst mich einsperren zu lassen?

Franz. Nein, sondern weil's mir
zu ordinär vorkommen wär, auf so ein'
Art Euch los z' werden! denn ich
mein immer, die Ehrlichkeit von
ein' Mann zeigt sich am besten, wenn
er auch als Feind ein ehrlicher Feind
bleibt, und da Hinterlist, da Schlech-
tigkeit als Waffen braucht! — Könnt

und wollt Ihr auch so ein e h r l i c h e r Feind sein?

R o b e r t (nach ku zem Besinnen). Ja — ich will!

F r a n z (hält ihm die Hand hin, ihn dabei fest anblickend). Die Hand d'rauf!

R o b e r t (gibt ihm schweigend die Hand).

F r a n z (Roberts Hand drückend). So! Euer Handschlag ist mir g'nug, denn ich will — was auch d' Leut über Euch reden — Euch für ein' Ehrenmann halten, und d'rum brauch ich auch über Euer Schuld ka Schrift — da — da habt's — (hält ihm den Wechsel hin).

R o b e r t (verwirrt). Den Wechsel? — Ihr gebt ihn mir?!

F r a n z. Ja — aber Ihr dürft ihn nicht zerreißen — Ihr müßt ihn bei Euch tragen — und so oft Ihr — wenn ich jetzt fort bin — was gegen mich unternehmen wollts — schauts zuerst das Papier an, und fragts Euch selber, ob Ihrs gegen d e n Mann, der Euch als E h r e n m a n n sein Vertrauen g'schenkt hat, auch ausführen dürfts! — B'hüt Euch Gott! (geht rasch durch die Mitte ab.)

Achte Scene.

R o b e r t (allein).

(Noch etwas verwirrt.) Ich kenn mich noch nicht recht aus! — Er gibt mir meinen Wechsel zurück, weil er mich für einen E h r e n m a n n hält! (nachdenkend). Ein E h r e n m a n n! — Es liegt viel — es liegt fast Alles in dem Wort! es ist ein Titel, der gleichsam den Einser bildet, ohne welchen alle andern Titel der Welt nur werthlose Nullen sind! — Es ist ein Stand, dem man willig gewisse Vorrechte gönnt — während Andere oft bei Himmel und Hölle schwören müssen, genügt bei ihm ein einfaches „Ja“ oder „Nein“, und man glaubt ihm, — And're müssen viel Geld für Stämpel auf schriftliche Urkunden ausgeben, das hats bei ihm nicht Noth, denn es trägt ohnehin jedes seiner Worte einen Stempel — den Stempel der Wahrheit! — Man sieht bei ihm nicht darnach, ob er Stern auf der Brust hat, denn man weiß, daß er auch dann, wenn die Sterne trügen, einen Kompaß in der Brust hat, der ohne alle Polar-Declination ihn nur auf einen Punkt hinweist, auf das R e c h t! — Ja — es ist etwas Großes, ein E h r e n m a n n im echten Sinn des Wortes zu sein, und er — mein Feind — nennt mich so! Es wird da (auf sein Herz weisend) warm und immer wärmer — es ist, als ob da ein Funken gelegen wäre, den er mit dem einen Wort zur Gluth, zur Flamme angefacht hätte! — Ja — ich will sein, was er mich g e h e i ß e n hat! — Den Wechsel, den er mir blos im Vertrauen auf meine Ehrhaftigkeit eingehändigt hat, will ich bei mir tragen — er ist quasi mein Diplom — er soll aber auch mein Talisman sein! (steckt den Wechsel in die Brusttasche.) Der Wechsel soll einen solchen Wechsel in mir hervorbringen, daß von mir gar kein Wechsel mehr zu finden sein soll! — Ich will verdienen, will arbeiten, will d a s Kapital (auf seine Hände weisend) fruchtbar machen!

— Ich will einen neuen Menschen an= und den alten Menschen ausziehen! Es war ohn'hin nicht viel Gutes an dem Alten! Also fort mit ihm, wie mit allem Alten — das ist zeitgemäß! — Nur Alles neu! wenn nur nicht mit= unter der Fall einträte, daß man etwas Altes weggibt, was Neues anschafft, und dann doch dieses ganz Nagelneue gleich wieder eine Reparatur brauchte!

Couplet.

Einst war es Mod', daß jeden Stand
Man gleich erkannte am Gewand'.
Der Adel trug den Federhut,
Die Goldhaub'n stand der Bürg'rin gut
Und den Gelehrten zierte fein
Ein kurzes schwarzes Mäntelein.
Natürlich, daß die Mod' jetzt fallt
Für b' Neuzeit is das viel zu alt.

Jetzt kann Jeder tragen sich ganz wie er
    will,
Aber schaut man sich um, wird's auf Ehr
    Einem z'viel,
Da gibt's ell'nlange Federn und Leibeln
    mit Knöpf,
Und Eier= und Schmalz=Reind'ln zieren
    die Köpf.
Und alles so eng, 's muß a Höll'nmarter
    sein;
Letzt tritt ich wo in a Balbierstub'n n'ein.
Der Baderg'sell kommt mit der Schüssel
    in der Hand
In Czismen mit Sporn, im historischen
    G'wand.
Von so was war vor a paar Jahr'n keine
    Spur,
'S is neu, aber 's brauchet a Reparatur.

2.

Das Weib war in der alten Zeit
·Rein nur dem simpeln Dienst geweiht.

Schön spinnen, auf die Wirthschaft schaun,
Das war der Wirkungskreis der Frau'n;
Nichts durftens wissens von der Welt
Als wie den Herd man gut bestellt;
Natürlich, daß der Schranken fallt
Für b' Neuzeit is das viel zu alt.

Doch wenn jetzt die Frauen sogar ihren
    Blick
Vom Hauswesen weglenken auf b' Politik;
Wenn Manche den Vormittag dazu benützt
Daß sie, statt zu kochen, im Reichsrath
    d'rin sitzt,
Sich ang'wöhnt den parlamentarischen Ton
Und z' Haus gegen ihren Mann bild't die
    Opposition,
Derweil sie ein' Redner, der dort excellirt,
Ein Vertrauens=Votum durch ein Billeterl
    votirt. —
Von so was war vor a paar Jahr'n keine
    Spur,
'S is neu, aber 's brauchet a Reparatur.

3.

Die Geographie der alten Zeit
War anders g'stellt, als die von heut,
In vielen Landesgränzen war
Ein großer Unterschied, 's is klar,
Schaut man jetzt so a Karten an
So g'steht's natürlich Jedermann,
Die Karten sind jetzt viel zu alt.

Letzthin aber hat Einer ohne viel z'fragen
Die Karten verändert, weil 's ihm hat
    was trag'n.
A Reich is entstanden aus z'sammg'raubten
    Land,
Der Patriotismus wirkt unter der Hand.
Aber kaum hat die Fleckeln er z'sammen=
    geleimt
So sieht er, der nur von die Lorbern hat
    träumt
Daß überall Zwietracht empor wachst mit
    G'walt,

So daß man 's schon nimmer mehr mähen
kann bald.
Italien hat jetzt Unzufriedenheit mehr als
gnua,
'S is neu, aber 's brauchet a Reparatur.

4.

Im Mittelalter hat man baut
So enge Gasseln, daß ein' graut.
Ein Haus stand vor, ein gutes Stück,
Das nächste um a Klafter z'ruck.
Die Fenster nieder, Alles klein,
Man kommt kaum bei der Thür hinein.
Das Winkelwerk natürlich fällt,
Für b' Neuzeit ist das viel zu alt.

Jetzt wird d' Stadt erweitert, ringsum
kann man seh'n
Ganze Gassen glei über ein' Sommer ent-
steh'n,
Und Häuser wer'n baut, glei sieben Stock
hoch in d' Höh';
Wann man 'naufschau'n will, thut Ein'
das Gnack völlig weh.
Rund um nix als Fenster — man sagets
nit gern,
Aber 's schaut fast a jed's Haus aus wie a
Kasern;
Und Lichthof heißt drinnet a finsterer Raum
Wo z' Mittag um Zwölfe die Sonn' hin-
kommt kaum.
Ja Häuser gibt's prächtige ringsum schon
gnua,
Sie sind neu, aber sie brauchten a Repa-
ratur.

5.

Es prüft ein Theater-Intendant
Sein' G'sellschaft und den Gegenstand.
Die Madam X, gut singt sie zwar,
Doch zählt sie mehr als 40 Jahr;
Bemüht sie sich auch noch so sehr,
Mit'n Jugendlichen geht's nit mehr,
Wird pensionirt mit halbem G'halt
Für's Naive ist sie viel zu alt.

Jetzt wird aus'n Ausland a Junge ver-
schrieb'n,
Die kaum 18 Jahr alt und schön zum ver-
lieb'n!
Dem Herrn Intendanten gefällt sie auch
sehr,
Er gibt ihr um 3000 fl. jährlich mehr.
Schon steht sie auf'm Zettel, auf einmal
o je!
Nachmittag läßt sie absag'n, sie ist enrhu-
mée;
Das ung'wohnte Klima greift sie so an,
Der Winter is aus, eh' man's singen
hören kann.
Im Frühjahr nimmt's Urlaub zu längerer
Cur —
Jetzt ist die ganz neu und braucht schon a
Reparatur.
(Ab.)

Neunte Scene.

Verwandlung.

(Vor der Tannen-Mühle; den Hintergrund bildet die Mühle selbst, deren
Rad Anfangs durch einen darauf fallen-
den Gießbach getrieben wird; seitwärts
rechts das nette Wohngebäude der Müllerin, vor dem Eingange, unter einer
Laube, ein Tischchen und zwei Stühle.)

Sebastian, Caspar, einige andere
Müllerburschen.

Sebast. (tritt aus dem Wohngebäude,
bleibt kopfschüttelnd stehen, und geht dann gegen die Mühle unter deren Thüre Caspar und
die Müllerburschen sichtbar sind). Hängt's
das Rad aus! b' Arbeit in der Mühl'
ist heut eing'stellt!

(Ein paar Müllerburschen entfernen sich in
das Innere der Mühle, bald darauf bleibt das
Rad stehen.)

Caspar (tritt zu Sebastian heraus). D' Arbeit heut schon eing'stellt? — Warum denn schon so zeitlich?

Sebast. Die Frau Müllerin hats gschafft — sie sagt, das Kleppern vom Rad thut ihr weh — sie hat heut wieder ihre Nerven!

Caspar. Sag lieber, sie hat heut wieder ihre Mucken! Der gehts halt auch z'gut, so, daß oft selber nicht weiß, was 's will!

Sebast. Das ist aber erst, seitdem's Wittib ist! Sie war a blutarms Madl, wies der alte Müller gheirath hat — nach ein Jahr ist er gstorb'n, und hat ihr die Mühl und sein ganz Vermögen vermacht!

Caspar. Da hat ihr halt die Freiheit und das viele Geld den Kopf verdraht, sie weiß nicht wo aus und wo ein! — Hast schon von dem neuen Projekt gehört? — sie gibt jetzt überall Komißionen, um ein Buchhalter z'finden, oder ein Gschäftsführer!

Sebast. Als ob wir s'Gschäft nicht ohnehin gut genug führeten! —

Caspar. Aber ich glaub, das ist nur wieder so ein Einfall — sie ist ja alle Tag anders! heut ist's d'Lustigkeit selber, und morgen klagts wieder, daß ihr, Gott weiß was? fehlt!

Sebast. Ich möchts schon kuriren, denn ich weiß was ihr fehlt!

Caspar. Was denn?

Sebast. A Mann!

Caspar. Ha ha ha! — Und da möchst Du die Medizin sein? Na hörst, du hättst kein übeln Guste! ha, ha, ha!

Aber da packet ich an Deiner Stell die Sach gschwind an!

Sebast. Ja, wann ich wußt, daß's nit fehl schlaget!

Caspar. Warum denn? Du bist in's Gschäft eingschoßen? —

Sebast. Dös schon!

Caspar. Bist ein ordentlicher braver Bursch. —

Sebast. Dös schon!

Caspar. A hübscher Kerl bist auch. —

Sebast. Dös schon!

Caspar. Na also — nimm Dir ein Rand. —

Sebast. Ja, ich habs eh schon öfters probirt, aber ich weiß halt nicht recht, wie ich's anfangen soll!

Caspar. Aber still! still! (gegen das Haus sehend) Mir scheint, sie kommt herunter!

Sebast. (ebenfalls hinsehend). Meiner Seel!

Caspar. Na — jetzt wär glei a Gelegenheit — ich laß Dich allein mit ihr — probier Dein Glück!

Sebast. (immer ängstlicher.) Wann ich nur wußt, wie ich anfang!

Caspar. Das findt sich schon — nur Courage! Ich gehe! (zieht sich, heimlich lachend, in die Mühle zurück, wird aber während der folgenden Scene öfter, mit den andern Mühlburschen, an der Thür lauschend gesehen.)

Zehnte Scene.

Vorige. Frau Leni Sträublinger.

Leni (ein junges, bralles Weibchen, in einem geschmackvollen, vom Reichthum zeugenden Anzuge, kommt aus dem Hause, Anfangs ohne Sebastian zu bemerken.) Die Luft im Zimmer ist mir zu drückend, zu schwül — und da heraußen — (schwer athmend) ach! ich weiß nicht, was mir heut den Athem so verlegt — s'Blut steigt mir alleweil zum Kopf — und ein' Unruh hab ich in mir — nit zum sagen! (setzt sich an den Tisch unter der Laube und stützt das Haupt in die Hand.)

S e b a st. (mehr im Hintergrunde, für sich) Wie's so lieb dasitzt! Wie gut ihr die Lauben steht! Gott! wenn ich neben ihr sitzen könnt! Aber (sich encouragirend) der Caspar hat recht! Ein Anfang muß einmal gmacht werden! Also nur gleich fest heraus mit der Sprach — (tritt näher, wird aber immer verlegener, zieht die Mütze vom Kopfe ab, dreht sie in beiden Händen, und räuspert sich absichtlich laut).

L e n i (auffehend). Du bist da, Sebastian! was willst?

S e b a st. (etwas eingeschüchtert.) Ich — ich hab nur fragen wollen, ob Euch noch nicht besser ist?

L e n i (launisch). Was gehts Dich an! — Laß mich allein! —

S e b a st. Nein, Frau Leni! s' Übel könnt leicht ärger werden, da ist's gut, wanns wen in der Näh habts — (macht Miene sich neben sie zu setzen).

L e n i (beleidigt aufstehend). Ich glaub gar! — (mißt ihn mit einem stolzen, strafenden Blick.)

S e b a st. Seids nicht harb, Frau Stäublingerin! Ihr wißts gar nicht, wie mir selber ist, wann Euch was fehlt!

L e n i (trocken). Ich dank für die Theilnahm!

S e b a st. Wenn man nur wußt, wo's das Übel herhabts? Villeicht habts Euch gestern verdorben, wies zu dem Burgermeister = Fest gangen seids. —

L e n i (vor sich hinsehend, mit einem Seufzer). Gestern!

S e b a st. Es ist gegen Abend kühl worn!

L e n i. Kühl? — Dummkopf! mir ist heiß worn! —

S e b a st. Und Ihr habts doch nicht tanzt!

L e n i (verächtlich). s' wären auch die rechten Tänzer da g'wesen!

S e b st. Na — s' waren doch alle Burschen aus'n ganzen Ort dort. —

L e n i (wie Oben). Die Burschen!

S e b a st. Und nachher der junge Herr aus der Stadt — der Vetter vom Burgermeister! — der hat ja so schön tanzt, daß alle andern Paar stehen blieben sein, und ihm zugschaut haben!

L e n i. Ja — der! (ärgerlich) aber den hat ja die Hochfelder Resi förmlich in Bschlag g'nommen — mir scheint, er hat gar kein' andre zum Tanz begehren dürfen!

S e b a st. Ja — (pfiffig lachend) d' Madeln aus'n Ort, die Burgi und die Broni — die haben a kuriose Sachen verzählt!

L e n i (plötzlich aufgeregt). Was — was habens erzählt?

S e b a st. Hi hi hi! Sie habens miteinander troffen!

L e n i (immer neugieriger und gereizter). Wo? wie? wann? — erzähl mir Alles!

Sebast. (für sich). Jetzt hab ich den rechten Anfang!

Leni (ungeduldig). Na — wirds? — So red doch!

Sebast. Ja — b'schreiben laßt sich das nicht so recht, ich — ich müßts Euch grad zeigen. —

Leni. Na — so zeigs. —

Sebast. Ihr wißt doch die Hollerstauden — beim Gmeindwirthshaus?

Leni. Ja — ja!

Sebast. Na, denkts Euch, die Lauben da wär die Hollerstauden, und die Stühl — (stellt zwei Stühle nebeneinander) wären die Rasenbank drunter — (betonend) Rasenbank! verstehts!

Leni. Rasenbank? (für sich) Die Bank bringt mich noch zum rasen!

Sebast. Also — jetzt denkts Euch Ihr wärts die Resi, und setzt's Euch daher!

Leni (setzt sich). Na — und was weiter?

Sebast. Und jetzt denkts Euch, ich — ich wär der junge Herr!

Leni. Du? der junge Herr! — Da ghört a starke Einbildung dazu! aber wegen meiner! Also weiter!

Sebast. (für sich, freudig.) Sie geht richtig drauf ein! (laut) Na — also — nur, daß ichs Euch zeig — er ist so neben ihr gsessen! (setzt sich dicht neben sie.)

Leni (etwas wegrückend). Na! so nah g'wiß nit!

Sebast. (ihr schnell wieder nachrückend.) O noch näher! sonst hät er ja sein Arm nicht so um sie legen können! (legt seinen Arm um Lenis Schulter.)

Leni (in die Höhe fahrend). So? so hat er's g'macht?

Sebast. (sie wieder niederziehend). Aber so bleibts doch, sonst kann ich Euch nicht Alles erzählen!

Leni (kochend vor Zorn). Weiter! weiter!

Sebast. Na, da hat er's an sich druckt! (thut es) und so — (will sie küssen)

Leni (springt auf, und gibt ihm einen Schlag ins Gesicht).

Sebast. (sich die Wangen reibend). Au weh! — (weinerlich) Aber so hats ja die Resi nicht gemacht!

Leni (in heftigster Aufregung auf und nieder gehend). Weils a freche Dirn ist! so jung, und schon so verdorben! Und er — er!

Sebast. Na, er hat sich freilich hernach ausgredt, daß er der Vetter von der Resi ist!

Leni (wieder aufathmend). Ja richtig! Er ist ja ihr Vetter! — Ich hätt auch sonst gar nicht begreifen können, daß er sich an so a junge Flitschen, wie die Resi, anmacht, an so ein Backfisch! Er wird sich schon was Solideres aussuchen!

Sebast. (die Achsel zuckend) Hm! Aber er wohnt im Haus von ihrem Vater — ist dort in ein fort mit ihr beisammen. —

Leni. Du hast recht! das schickt sich nicht! Auf das muß man den Hochfelder aufmerksam machen, ihn, oder die Wirthschafterin, die Frau Susi — ich werds heut noch b'suchen! Jetzt an der Stell geh ich — (will gegen den Hintergrund, bleibt aber plötzlich wie angelähmt stehen, fast erschreckt einen Schrei ausstoßend) Ah!

S e b a st. (ebenfalls erschreckt, zu ihr eilend) Um Gotteswillen! was ist Euch denn?

L e n i. Da — da — er kommt aufs Haus zu!

S e b a st. (ebenfalls hinsehend). Das ist er ja! — der junge Herr!

L e n i Er kommt richtig zu mir! (rasch zu Sebastian) Geh jetzt — geh!

S e b a st. (verdutzt) Ich soll gehen? — Aber wenn Euch was zustoßet?

L e n i (streng). Geh jetzt, sag ich, ich will allein sein! (wieder gegen den Vordergrund gehend, für sich die Hand aufs Herz legend) Ein ordentlichen Stich hats mir geben — er kommt — zu mir!

S e b a st. (schickt sich, kopfschüttelnd, zum Abgehen an, blickt aber noch immer zurück.)

Eilfte Scene.

Vorige. Robert.

(Während dieser Scene beginnt es nach und nach zu dämmern.)

R o b e r t (kommt vom Hintergrunde links her). Da ist die Tannen = Mühle — und da — (Leni erblickend) ja, das ist, das muß sie selber sein! (tritt rasch auf Leni zu) Frau Müllerin!

L e n i (sich umwendend, und scheinbar überrascht). Gott! bin ich jetzt erschrocken Sie — da bei mir? — was gibt mir denn die bsond're Ehr?

R o b e r t. B'sondere Ehre? — Sie scheinen mich nicht zu kennen. —

L e n i. Ah ja wohl! hab ja gestern das Vergnügen gehabt, bei dem Fest —

R o b e r t. Ich hätt mich gern gestern schon Ihnen genähert, aber —

L e n i (die Augen niederschlagend, und doch von seitwärts nach ihm schielend). Sie haben sich vielleicht nicht getraut. —

R o b e r t. Ja — ich bin gar so schüchtern! —

L e n i. Ich muß Ihnen sagen, das gfällt mir bei jungen Männern!

R o b e r t. Nun, wenn nur etwas an mir Ihnen gefällt, Frau Müllerin! denn, wenn ich nicht selbst etwas Empfehlendes an mir habe, so wüßt ich Niemanden, der mich bei Ihnen empfähle!

L e n i. O ich bitt, Sie brauchen gar keiner weitern Empfehlung, um in mein Haus willkommen z'sein, aber — (auf die Stühle in der Laube weisend) ist's nicht gefällig Platz zu nehmen?

R o b e r t. Ja, Frau Müllerin, ich komme hierher, um bei Ihnen einen Platz einzunehmen!

L e n i. Bei mir? — Na hörns, erst sagens, Sie sein so schüchtern, und jetzt werdens auf einmal so gach!

R o b e r t. Nur keinen Zeitverlust! Sie suchen — ich suche auch — um so besser also, je schneller wir Beide finden, was wir suchen!

L e n i (befremdet). Ich such? — (sich etwas in die Brust werfend) Na, Gott sei Dank! so weit ist's noch nicht, daß ich zu suchen brauchet! — Es ist wohl wahr, — ich steh allein — und will just nicht sagen, daß ich's immer bleiben will — aber suchen!

R o b e r t. Ich weiß, Sie waren verheirathet, und jetzt als Witwe können Sie das Geschäft nicht allein besorgen. —

Leni. Ja, fürs G'schäft wär's freilich auch gut, aber wegen G'schäft allein — dazu thut's a g'wöhnlicher Buchhalter auch. —

Robert. Nun ja, das will ich ja eben werden!

Leni (ganz erstaunt, ihn starr anblickend). Sie? — Sie! — Sie wollten!? —

Robert. Ja, der Gewürzkrämer im Ort hat mir erzählt, daß Sie so ein Individuum suchen, und da hab ich mir gedacht, wenn ich nur vor der Hand die Stell bekäm — dann. —

Leni. Dann? — (für sich). Er will zuerst in mein Haus Dienst nehmen, um so näher bekannt z'werden! — Gott! wie zart! fast wie in den Ritterg'schichten! (laut) Aber sagen's mir, ist's denn wirklich Ihr Ernst?

Robert. Verfluchter Ernst! Ich geb Ihnen mein Wort drauf! (faßt ihre Hand) Frau Müllerin! — Es hängt das Glück meiner ganzen Zukunft — die Rettung meines bessern Selbst davon ab — wenn Sie mich nicht anstellen, müßt ich was anstellen. —

Leni (für sich). Er ist ja ganz verzweifelt! (laut) Na — ich bin nicht grausam — und wenn schon Ihr Leben d'ran hängt, so — so will ich's probieren! (reicht ihm die Hand.)

Robert (ihre Hand küssend). Dank! tausend Dank — also — ich bin aufgenommen! — Und was die andern Verhältnisse betrifft. —

Leni. Verhältnisse? (rasch) Ich hab gar keine Verhältniß!

Robert. Ich meine die Bedingungen — wahrscheinlich freie Wohnung. —

Leni. Versteht sich — Sie müssen da wohnen, damit's gleich bei der Hand sein. —

Robert. Das ist gut — da zieh' ich heute noch ein! — Und dann werden Sie mir auch sagen, was ich eigentlich zu thun habe. —

Leni. Oh, das werden's bald weg haben, als studirter Mensch. —

Robert. Und was dagegen Sie. —

Leni. Na, wir werden kein Richter brauchen, bei dem, was ich für den Dienst ein Andern geben hätt', soll's bei Ihnen nicht bleiben!

Robert. O, Sie sind die Güte selbst! (umarmt sie in seiner Freude.)

Leni (sich nur langsam losmachend, lächelnd, schmollend). Aber hab ich Ihnen nicht gesagt, nicht so gach!

Robert. Verzeihen Sie — es war nur so — Freuden-Übermaß — neue Stelle — gleichsam als Einstand. —

Leni. Ihren Einstand müssen's mit meinen Leuten feiern, wie's bei uns der Brauch ist. —

Robert. So? soll ich vielleicht die Leute im Wirthshause traktiren? — Ich — Sie müssen wissen — ich geh nicht gern ins Wirthshaus — (für sich) wenn ich kein Geld hab!

Leni. Das ist mir auch viel lieber, und darum will ich selber Ihren Einstand dahier im Haus bestreiten! Ich werd gleich meine Leut z'sammrufen! (geht zu einer, am Hause befindlichen Arbeiterglocke und läutet.)

Zwölfte Scene.

Vorige. Sebastian, Caspar.
Alle andern Müllerburſche.

Sebaſt. (eilt zuerſt, während Leni noch
läutet, aus der Mühle heraus, ängſtlich ſchreiend)
Um alles in der Welt! die Frau! die
Frau! Hilf!

Caspar (mit den übrigen ihm folgend).
Was ſchreiſt denn ſo?

Sebaſt. Sehts denn nicht — (auf
die, noch an der Glocke ziehende Leni weiſend)
ſie iſt in den letzten Zügen! — (zu Leni)
Was iſt Euch denn?

Leni (ſehr heiter). Mir? ha ha ha!
Mir iſt ſehr wohl!

Sebaſt. Sehr wohl? (mißtrauiſch
auf Robert blickend) Iſt der vielleicht a
heimlicher Doktor?

Leni. Wer der Herr von jetzt an
iſt, ſollts Alle gleich erfahren! Ich
ſtell Euch in dem Herrn meinen neuen
Geſchäftsführer vor, dem ich Alles
anvertrau!

Die Müllerburſche. Was? —
der — Gſchäftsführer?!

Leni. Wenn er Euch was ſagt, ſo
iſts ſo gut, als wenn ichs ſelber g'ſagt
hätt, und Ihr habt ihm in Allem
z'folgen — er iſt ſo viel, als mein
ſeliger Mann!

Sebaſt. (verbutzt). So viel, als Ihr
ſeliger Mann?!

Robert. Nun ja — die Frau
Müllerin ſoll in mir ihren Mann gefunden haben, und ich — ich bin ſelig,
denn ich trete in ein neues Leben! Aber
(gemüthlich zu den Burſchen) ich will weniger Euer Vorgeſetzter, als Euer
Kamerad ſein, nehmt mich als ſolchen

freundlich auf! (reicht mehren der Burſche
ſeine Hand.)

Caspar und andere Burſche
(ihm die Hände reichend). Ja — ja — das
wollen wir!

Leni. So feierts die Aufnahm von
dem Herrn gleich, richts Euch den
Tiſch daher, und dann halts Euch aus
der Speis und aus'n Keller was's
brauchts! Ich will, daß Ihr Euch
heut ein recht guten Tag anthuts!

Caspar. Juchhe! — das ſoll
gleich beſorgt ſein! Kommts, Leuteln!

Alle (eilen ins Haus ab).

Sebaſt. (für ſich). Ich ſoll mir
ein guten Tag anthun? — heut? —
ja, wann ich dem (auf Robert blickend) ein
Pfiff Blanſäure beibringen könnt! —
und was ſie für Blick auf ihn ab-
feuert! —

Leni (ſich nach Sebaſtian umſehend)
Was ſtehſt Du noch da? — geh!

Sebaſt. Ja ſo! — Ihr wollts ſchon
wieder zu zweien allein ſein! — (ſeufzend)
Ich geh! (im Abgehen für ſich) aber
gſchenkt bleibts dem Kerl nicht! (geht ab)

Leni (zu Robert). Na, ich muß jetzt
auch hinauf - unterhaltens Ihnen
gut, ſchauns aber, daß die Leut nicht
des Guten z'viel thun! Alſo (ihm die
Hand reichend) Gute Nacht! Laſſens
Ihnen was Guts träumen, denn man
ſagt, was man in der erſten Nach
in ein neuen Quartier träumt, das
wird wahr!

Robert. O Gott! dann wüßt ich
ſchon, was ich mir träumen ließe!

Leni (ſcherzhaft drohend). O, Ste
Schlimmer! Na — gute Nacht!

(noch an der Thür des Hauses sich umsehend, und ihm freundlich zunickend). Gute Nacht! (ab ins Haus.)

Robert (vergnügt ihr nachrufend). Gute Nacht! — bon nuit! felice notte! — dobre nozl — Oh, ich wünsch ihr alle guten Nächte der Welt dafür, daß sie mir gute Tage verspricht!

Dreizehnte Scene.

Robert. Caspar. Die andern Müllerbursche, Sebastian.

(Einige Müllerbursche tragen aus dem Hause Lichter in Leuchtern mit Glasglocken, Andere einen langen Tisch und Stühle, wieder Andere Körbe mit Flaschen und Speiseschüsseln heraus.)

Caspar. So, da sein wir schon wieder! Stellts nur den Tisch daher! (sie richten Tische und Stühle.)

Robert (für sich, auf und niedergehend). Nun bleib ich doch hier im Orte — kann meine Resi öfter sehen! — Gott! wenn ich nur wüßte, wie ich ihr heute noch Nachricht geben könnte!

Caspar. So, der Tisch ist deckt! Jetzt setzts Euch nur gleich Alle! (zu Robert) Na, Herr Gschäftsführer! Sie sein heut die Hauptperson! setzens Ihnen da obenan, und s' Glas zur Hand! (schenkt ein an Roberts Platz stehendes Glas voll.) Der Wein wird Ihnen schmecken — ha, ha, ha! wir haben uns kein schlechten ausg'sucht!

Robert (geht ebenfalls zum Tische und erhebt das Glas). Das erste Glas unserer lieben Frau Müllerin, sie lebe hoch! (leert das Glas.)

Alle. Hoch! hoch! (stoßen mit den Gläsern an.)

Robert (schenkt sich nochmal ein, für sich). Aber ein andres bringe ich im Gedanken Dir, meine liebe, liebe Resi! (leert das Glas wieder) Teufel! der Wein ist wirklich stark!

Caspar. Jetzt muß aber was g'sungen werden! Ohne ein lustigen Lied thut der Wein sei Wirkung nit! Also stimmts an! stimmts an!

Chor.

Wenn der Bach nur Wasser hat,
Dreht sich lustig gleich das Rad,
Und das Gschäft geht gut,
Doch gibts noch ein and'res Naß,
Drin im Keller, in dem Faß,
Das macht bessres Blut!
Müller! willst Du glücklich sein,
Hab stets Wasser und trink Wein!
Eins vergiß nur nit:
S' Wasser ghört auf's Mühlrad nur,
Deinen Wein, den trink Du pur,
Daß kein Irrthum gschieht!

Vierzehnte Scene.

Vorige. Basilius.

Basil (kömmt in einen Mantel gehüllt, drüber an einer Schnur ein Hüfthorn tragend, in einer Hand einen Spieß, in der andern eine Laterne). Hoho! da gehts ja heut gar lustig her!

Sebast. Ah, der Nachtwachter! grüß Gott! Basili!

Basil. Was ist denn heut wieder los bei Euch!

Sebast. Ein Einstand gibts! — Kommts her, Alter! thuts Bescheid! (hält ihm sein Glas entgegen).

Basil. Gelts Gott! (nimmt das Glas und kostet.) Ah! der thuts! — ja, den soll ma halt so schön stad 'nunter-

züpfeln — sein Plausch dabei halten!
— ja, Ihr habts es gut!

Caspar. Na, so gut könnts es
auch haben! — setzts Euch da zu uns!

Basil. Geht nicht, unsereins, als
Gemeindebeamter kann sich so was nicht
vergunnen!

Caspar. Ah was! A Viertel-
stunderl könnts schon da ausrasten!
(nöthig ihn, sich niederzusetzen.) So! s'Gla-
sel noch einmal angefüllt! (thut es, und
hält ihm dann sein Gla- hin.) Sollts leben,
Nachtwachter!

Die andern Bursche (ebenfalls an-
stoßend). Ja, der Basili soll leben!

Basil. Dank Euch! há há há!
Ihr wißts schon, warums mich leben
laßts! Ihr Halodris! kein so ein Nachtwachter, wie ich, kriegts freilich sobald
nicht wieder!

Sebast. Ja, wann Ihr einmal
die Augen zudrucket's — ein Anderer
druckt vielleicht seine Augen nicht so
oft zu, wie Ihr!

Basil. (lachend) Ja wohl! wie oft
seh ich bei Nacht so was von Euch,
junge Schlankeln, wo ich eigentlich
schreien sollt: „Gebts Acht aufs Feuer
und aufs Licht! Damit kein Unglück
gschieht!" Hahaha!

Caspar. Mein Gott! was thun
wir denn? Manchmal bei ein saubern
Dirndel fensterln! — Was soll man
denn machen, wenn man so recht bis
übern Hals verliebt ist, und nit zu
ihr ins Haus kommen darf! — Man
weiß, das arme Ding ist allein in
ihrem Kammerl, denkt vielleicht an ein'
und weint!

Robert (für sich). Meine Resi! so
— so gehts wohl Dir auch. —

Sebast. (zu Basii). Da muß man's
doch trösten!

Caspar. Ja, man muß ihr wenigstens sagen, daß man ihr treu bleibt,
daß ein nichts auf der Welt von ihr
trennt! —

Robert (für sich). Ja, ja, das müßt
ich ihr sagen — sie glaubt vielleicht,
ich sei ganz von hier fort — (hört dem
fernen Gespräche aufmerksam zu, immer mehr
aufgeregt sein Glas wiederholt leerend).

Caspar (zu Basii). O, Ihr glaubts
gar nicht, wie eim' da ist, wenn man
so schön stad an's Haus g'schlichen
kommt! — Am Fenster brennt a Lam-
perl — jetzt wirft man a kleins Steindl
nauf — sie macht's Fenster auf —
guckt raus — fragt: „bist Du's?
was willst denn?" — derweil hat
man aber schon b' Leiter angelegt —
sie thut bös, wispelt: „Was fallt
Dir denn ein? — wirst gleich geh'n!"
— halt aber doch oben b' Leiter, damit man nicht fallt!

Sebast. Man kraxelt g'schwind
nauf — halt sich aber an ihr'n Hals
an, und pickt sich mit a paar Busseln
fest — (sie sprechen fort)

Robert (erregt vom Sitze aufspringend,
für sich). An ihrem Halse! an ihren
Lippen! Gott! nur wenige Minuten!
— Wenn ich's versuchte — jetzt ist
Alles ruhig im Orte — der Nacht-
wächter sitzt hier beim Weine.

Sebast. (zu Robert). Na — was
habis denn? — warum seids denn
auf einmal aufg'standen?

Robert. Mir ist so schwül — ich habe zu hastig getrunken — 's' ist am besten, ich mache noch einen kleinen Spaziergang durch's Dorf. —

Basil (auch aufstehend). Na, da können wir gleich miteinander gehn — ich muß auch wieder fort!

Robert (für sich). Nun, das käme mir gerade gelegen!

Sebast. (zu Basil.) Aber gehts, Alter! jetzt sein wir grad im besten Plausch! bleibts noch da!

Basil. Geht nicht — geht nicht! — Dienstpflicht! — Mein Gott, ich gebet ja selber was drum, wenn ich noch a Stund da bei Euch bleiben könnt!

Robert (einen Gedanken fassend). Ich hab's! (laut zu Basil.) Hört, Alter! den Genuß will ich Euch verschaffen! — Bleibt hier — heute Nacht versehe ich Euern Dienst!

Basil.
Die Übrigen. } Was? was?

Robert. Ja — gebt mir schnell Euern Mantel und die übrigen Reichs-Insignien — ich wandle statt Euch Nacht!

Basil. Nein, nein, das geht ja nicht.

Sebast. Warum denn nicht? Das ist der Vetter vom Burgermeister! Da könnts es schon riskiren!

Robert. Und 's' macht mir einen Hauptspaß! — Also nicht lange besonnen — her mit Allem!

Sebast. Ja, ja, das gibt ein Jur! Ziehen wir den Nachtwachter aus! — Helfts, Kameraden!

Die Müllerbursche (lachend). Ja — Ihr müßts da bleiben! — keine Umständ! (nehmen dem Basilius seine Mütze, den Mantel, das Horn, Spieß und Laterne ab.)

Basil (sich fortwährend weigernd.) Aber Kinder! nit! — was machts denn? — so hörts doch. —

Robert (hat rasch den Mantel umgenommen, die Mütze aufgesetzt, das Horn umgehängt und Spieß und Laterne ergriffen). Seid unbesorgt! Ich verantworte Alles! (will rasch fort.)

Basil. Aber wart' doch — ich muß Euch doch 's' Reglement sagen — fürs Erste.

Robert (den NachtwächterRuf copirend). „All Ihr Herrn laßt Euch sagen, Der Hammer, der hat — u. s. w. Ihr seht, ich bin einstudirt!

Basil. Aber wann wo a starker Rauch aufsteigt, oder gar a Flammen — glei fest in's Horn blasen. —

Robert. Gut — so weit bin ich auch musikalisch — (will wieder fort).

Basil. So bleibts doch! — in so ein Fall müßts dann gleich das Hofthor vom Burgermeister-Haus aufsperren. —

Robert (sieht ihn plötzlich überrascht an). Das Hofthor vom Burgermeister? —

Basil. Ja — 's' ist ja drin der Stadl mit den Feuerlösch-Requisiten — drum hab ich immer den Schlüssel bei mir! — Da — da habts ihn! (zieht einen Schlüssel hervor, und gibt ihn Robert).

Robert (den Schlüssel nehmend, für sich). Besser könnt ich's ja gar nicht finden!

Basil. Na, jetzt gehts in Gottes=nam — aber bleibts nicht länger aus, als a Stund! Und — (zu den Müller=burschen) noch Eins! — da kann ich bei Euch nicht sitzen — s' könnt wer vor=beigehn und mich sehen!

Caspar. Da ist leicht abg'holfen, tragen wir den Tisch hinters Haus! — Packts an! (Er und die andern Bursche tragen Tisch und Stühle hinter das Haus ab.)

Basil (im Abgehen für sich). Lieber Gott! wann schon im Ort a Feuer auskommen sollt, verschiebs auf morgen — nur heute nicht! (ab.)

Robert (allein.) Ja — kein wei=teres Bedenken! — So gut trifft sich die Gelegenheit nicht bald wieder! — Nur ein paar Worte will ich mit ihr sprechen, sonst nichts! — Robert! ich sag Dirs, sonst nichts! — Aber hin — hin zu ihr muß ich — in mir brennts und lodert's — ich komme mir selbst vor, wie eine geheizte Locomotive — also fortgestürmt bis zur Station: Himmelsseligkeit! (geht rasch nach dem Hin=tergrunde ab.)

Fünfzehnte Scene.
Verwandlung.

(Hofraum bei Hochfelders Hause, seitwärts rechts das einstöckige Wohngebäude, in dessen oberem Theile an einem Fenster durch den Vorhang desselben noch Licht gesehen wird — links Scheunen — im Hintergrunde zieht sich eine ziemlich hohe Mauer quer über die Bühne, in der Mitte derselben das Thor. Es ist vollends Nacht — der Mond am Himmel.)

Franz (tritt aus dem Hausthore.) Der Hochfelder hat mir abgrathen heut noch in mei Heimathsdorf nüber z'gehn — er meint, morgen früh hätts auch noch Zeit — ich soll die Nacht noch in sein Haus schlafen! — Ja, wenn man schlafen könnt! — er hat mir a recht hübsche Gaststuben geben — s' Bett wär so gut, wie man sich's nur wünschen könnt, und doch hab ich gestern kein Aug' zugmacht, und heut gings noch weniger! — Ich will lieber noch a bißl im Garten herumgehn, da laßt sich über Manches freundlicher nach=denken, als wann man so schlaflos im Bett liegt — (will fort, bleibt aber plötz=lich aufhorchend stehen.)

(Man hört am Schloße des Hofthores ein Geräusch.)

Franz. Was ist das? — Es will wer aufsperren? — hm! vielleicht a Knecht, der sich verspät hat — aber sehen muß ich doch — (hinter einen Vor=sprung der Scheune zurücktretend).

Sechzehnte Scene.
Robert. Franz.

Robert (öffnet leise das Hausthor, schlüpft rasch herein, leise). Herin wär' ich!

Franz (für sich). Der Nachtwach=ter?! —

Robert. Jetzt löschen wir die La=tern aus! (bläst das Licht in der Laterne aus.)

Franz (für sich). Was für a Stimm?

Robert (tritt mehr in den Vordergrund). Ah, es zittert und bebt Alles in mir! Ich weiß nicht, macht das der starke Wein, oder die Sehnsucht — oder die Angst? Ah was Angst! Um die Zeit schlaft schon Alles im Haus — und sie (blickt gegen das beleuchtete Fenster) da brennt noch Licht! sie ist noch auf! (verzü…t doch leise) Resi! meine Resi! O, wenn ich nur laut rufen dürfte! — Aber still! still! — nur erst eine Leiter an- gelegt — dahier muß ja eine sein — (geht hinter das Haus).

Franz (mit gepreßter Stimme). Was will er? — Abscheulich! niederträch- tig! — aber wart nur — wart!

Robert (kömmt mit einer Leiter zurück). Schon gefunden! Nur langsam ange- legt! (lehnt die Leiter vorsichtig gegen das Fenster, will hinauf, besinnt sich aber wieder.) Aber zuerst muß ich ihr doch ein Zeichen geben — ein kleines Steinchen — (sucht am Boden) da — (hebt einen Stein auf) aber der zertrümmert leicht die Fensterscheibe —, und das Spektakel ist fertig, ich muß ihn etwas weich einhüllen — wenn ich nur ein Stück Papier finde — (sieht sich wieder suchend um). Nichts da! — hab denn ich nicht zufällig ein Papier bei mir! (sucht in einer Rocktasche) ach ja — da steckt ja etwas — (zieht den Wechsel, welchen ihm Franz übergeben, heraus) was ist's denn? (hält den Wechsel gegen das Mondlicht — plötzlich stutzend) der Wechsel! — Mein eig'ner, unbezahlter Wechsel, den mir der Franz (hält inne, nach einer Pause). Er sagte: so oft ich was unternehmen wolle, möge ich den Wechsel betrach- ten, und mich selbst fragen, ob ich als Ehrenmann — und jetzt — was will ich thun? — heimlich — bei Nacht — wie ein Dieb! — Ei was — ich will sie ja nur sehen — sprechen — aber in mir kocht's und glüht's! — wenn ich sie sehe — bei ihr bin — nein! nein! Faßt dich der Teufel erst bei

einem Haar, so hat er Dich auch ganz und gar! — Ich fühle — ich könnt noch was Schlechteres werden, als ein Dieb — fort! fort! (will fort, blickt aber wieder zu dem Fenster hinauf.) (Der eine Flügel des Fensters wird, ohne den Vorhang zu heben, von innen aufgemacht, hiebei wird Resis Schattenbild auf dem be- leuchteten Vorhang sichtbar.)

Robert. Ha! — das Fenster offen! und sie — sie selber — die liebe zarte Gestalt! — bleib — bleib. — (Resis Schattenbild verschwindet wieder.)

Robert. Ich kann nicht wider- stehen! Alle Besinnung hört auf! ich muß — ich muß zu ihr! — (eilt zur Leiter und steigt einige Sprossen hinauf, wieder einhaltend.) Meine Knie wanken — mein Athem stockt — ich soll nicht! soll nicht — es ruft: „Zurück!" und doch drängt es mich hinauf! — Der Teufel hat mich — ich komm nicht auf im Kampf mit ihm — ich möchte zu Hilfe rufen gegen mich selbst — und — (wie plötzlich erleuchtet) ich thu's! (stößt kräftig in das Horn, und taumelt dann, wie ohnmächtig die Leiter herab.)

Franz (springt in dem Augenblicke her- vor, und faßt den Sinkenden in seine Arme auf).

Siebzehnte Scene.

Vorige. Resi. Hochfelder. Knechte. Mägde. Bauern.

Resi (reißt zuerst den Vorhang vom Fenster weg, und erscheint an demselben). Um Gotteswillen! Feuer! Feuer! (ver- schwindet wieder.) (Stimmen und Schreien vom Hause her.) Feuer! — Feuer! — Wo brennt's? Hochf. (halb entkleidet, stürzt mit Resi, ein Licht in der Hand haltend, aus dem Hause). Wo? — wo ist Feuer? —

Knechte und Mägde (kommen theils hinter dem Hause, theils aus den Scheunen herbei) Was ist's? was ist geschehen?

Hochf. (Franz erblickend) Ihr da? — und der Nachtwächter? — was ist ihm? — (eilt zu Robert)

Franz (auf den ohnmächtigen Robert weisend) Respekt vor dem Nachtwächter! (zu Hochfelder) Was mehr werth ist, als Euer Haus und Hof, war in G'fahr — er — er hat das Feuer im Entstehen selbst erstickt! (zieht die Mütze von Roberts Haupt.)

Hochf. (hinleuchtend) Der Robert? Resi und die Übrigen. Der Robert?!

(Alle blicken starr, vor Erstaunen, nach ihm.)

Der Vorhang fällt.

Dritter Akt.

(Spielt um einige Tage später.)

Wohnzimmer der Müllerin, sehr reich möblirt; eine Mittel= und zwei Seitenthüren; im Vordergrunde ein Tisch, Divan, Fauteuil ꝛc.

Erste Scene.

Frau Leni, dann Sebastian.

Leni (sitzt in einem eleganten Morgenanzuge auf dem Divan vor dem Tische, auf welchem noch das Frühstück=Service steht.) Heut läßt der Robert wieder lang auf sich warten, sonst ist er alle Tag schon um die Stund bei mir, um die Geschäfts=Angelegenheiten zu beräden. (seufzend) Von nichts Andern redt er eh nicht mit mir, als vom G'schäft. Ich seh's schon gern, wann b'jungen Leut nicht gar so keck sein, aber gar so a Traumichnicht könnt' ein' auch zur Verzweiflung bringen! — Daß er mich gern hat, das ist g'wiß, denn sonst arbeitet er nicht so fleißig, wo's nur mein Vortheil gilt — aber (wieder seufzend) man hat ja da (aufs Herz weisend) nicht blos Korn= und Mehlsäck!

(Es wird an der Mittelthür geklopft.)

Leni (freudig). Das wird er sein! (ruft) Nur herein! nur herein!

Sebastian (tritt durch die Mittelthür ein).

Leni (enttäuscht). Ah — Du bist's? — Was willst? Schickt Dich vielleicht der G'schäftsführer? sag ihm, ich muß mit ihm selber reden — ich kann kein Stellvertreter brauchen.

Sebast. Ah nein, der Robert sitzt in der Schreibstuben und rechnet mit den Bäcken ab.

Leni. Die hätten auch zu einer andern Zeit kommen können, nit just, wann ich ihn brauch! — Also, was willst sonst?

Sebast. Der Bürgermeister ist da, und fragt, ob er schon mit Euch reden kann?

Leni. Der Bürgermeister? (für sich) Sein Vetter? — (laut) Das ist zum ersten Mal, daß er mich b'sucht — was kann er wollen? — Aber Alles Eins — sag ihm nur, 's wird mir ein Vergnügen sein!

Sebast. (geheimnißvoll). Frau Müllerin! Ich hätt' Euch noch was z' erzählen, was mir die Leut aus'n Burgermeister sein Haus g'sagt haben —

Leni. Da ist jetzt ka Zeit dazu! Soll ich den Burgermeister warten lassen, um den Tratsch anz'hören? geh! und richt aus, was ich Dir g'sagt hab!

Sebast. (verdrüßlich für sich). Von mir will's nie was anhören, wann aber der Musje Robert zu ihr kommt, laßt's ihn völlig nit aus — das ist gar kein' Gleichberechtigung! (Ab.)

Leni (allein). Der Bürgermeister — bei mir? da bin ich doch neugierig, aber (plötzlich in freudiger Ahnung) am End hat sich der Robert hinter sein Vetter g'steckt, daß er für ihn bei mir redt! — wann das wär — (steht auf und geht dem Kommenden entgegen).

Zweite Scene.

Leni, Hochfelder.

Hochf. (tritt durch die Mitte ein). Sie verzeihen schon, Frau Stäublingerin —

Leni (sehr freundlich). Was gibt 's denn da z' verzeihen? — 's ist mir a große Ehr', Herr Burgermeister! — Ich bitt' nur Platz z' nehmen! (schiebt ein Fauteuil zurecht, und läßt sich selbst auf den Divan nieder.)

Hochf. Ich bin so frei! (setzt sich.)

Leni. Mit was kann ich dienen?

Hochf. Ich will gleich g'radaus auf die Sach' losgehen — Sie sein a lieb's Frauerl, haben Verstand, Einsicht —

Leni. O bitt' — was man halt so in's Haus braucht!

Hochf. Sie werden, wo sich's um a Familienglück handelt, g'wiß gern Ihr' Hand reichen!

Leni (für sich). Mei Hand? — Familienglück? — 's ist richtig so! (laut) Ja, für Familienglück hätt' ich wirklich sehr viel Sinn! —

Hochf. Na also — Ich weiß nicht, ob Sie schon g'hört haben, daß ich mei Tochter ausheirath?

Leni. So? (rasch) An wen? an wen?

Hochf. An den Holdinger — er ist zwar ka ganz junger, aber a kreuzbraver, g'setzter Mann. —

Leni (aufathmend). Da gratulir ich! g'rad so a jung's Mädel braucht a bißl ein' g'setzten Mann! — Die Wahl zeigt, daß Sie ein sehr g'scheidter, einsichtsvoller Mann sein!

Hochf. Na ja, wegen was wär ich denn sonst Burgermeister?

Leni. Das gibt g'wiß a glückliche Ehe!

Hochf. (seufzend). Wann nicht der Teufel sein Unkraut zwischen den Waizen streut!

Leni. Das muß man halt bei Zeiten ausjäten!

Hochf. Da habens recht, und deßwegen bin ich da, denn das Unkraut, was für a Ehpaar zur Giftpflanzen werden könnt, muß aus der Gegend fort! — Und dazu sollen Sie mir behilflich sein!

Leni. Ich? — ja sagens mir nur erst, wens mit dem Unkraut meinen?

Hochf. Es ist in Ihrem Haus!

Leni. In mein Haus?

Hochf. Ja! — Kurz und gut — 's ist a Schand, daß ich's sagen muß, aber 's ist mein eig'ner Vetter — der Robert —

Leni (erstaunt zurückfahrend) Der Robert?

Hochf. Der! O ich sag Ihnen, das ist a nichtsnutziger Bursch!

Leni (verletzt). Das kann ich nicht sagen, ich find er ist ein fleißiger, ordentlicher, stiller Mensch — nur a bißl zu still!

Hochf. Verstellung! pure Verstellung! wartens nur, bis der warm wird!

Leni. Ja, wann er nur einmal warm wurd!

Hochf. Der Lump hat sich unterstanden ein Techtelmechtel mit meiner Tochter anz'fangen!

Leni. Mein Gott, a kindischer Spaß! Und wer weiß, wer d'erste Veranlassung geben hat!

Hochf. (beleidigt) Hörn's, Frau Stäublingerin! — (sich wieder begütigend) aber ich will mich nicht ereifern! — Mit ein' Wort, er ist, so lang er noch hier im Ort ist, g'fährlich für den Hausfrieden und das eh'liche Glück meiner Tochter! —

Leni (ahnend). So lang er noch im Ort ist? — Sie wollten also —?

Hochf. Ihnen bitten, daß 's ihm den Dienst in ihrem Haus aufsagen — ihn fortschicken —

Leni (vom Sitze aufspringend). Da wird nichts d'raus! — Ich erweiset Ihnen gern jeden G'fallen, aber da wird nichts d'raus!

Hochf. (ebenfalls aufstehend). Sie werden vielleicht z'spät einsehen, daß 's Ihr eig'ner Schaden ist, wenn er da bleibt —

Leni. Kümmern's Ihnen um mich nicht! Ich weiß schon selber, was mir schadt, und was mir gut ist! — Überhaupt, Sie thun ja g'rad, als ob so a junger Mann im ganzen Ort kein andern Gegenstand findet, auf den er ein Aug' werfen könnt, als Ihre Tochter!

Hochf. Wann 's so ein andern Gegenstand gibt, so soll er meinetwegen alle zwei Augen d'rauf werfen, ich hab nichts dagegen!

Leni. Mit dem „Nichts dagegen haben" ist nichts g'richt — Sie müßten was dafür thun!

Hochf. Was? sollt ich ihm vielleicht a Geld geben, damit er ein' And're heirathen kann? — Fällt mir nicht im Schlaf ein!

Leni. Vom Geld ist, Gott sei Dank, ka Red! — Der Gegenstand, von dem ich red', hat selber so viel Geld, daß vielleicht g'rad das die Ursach ist, warum er sich nit traut, mit ein' Antrag hervorz'rucken!

Hochf. Der? — nicht trauen? — da müssen Sie ihn von einer ganz andern Seiten kennen, als ich!

Leni. Wenn er wußt, daß dieser Gegenstand gar kein Stolz kennt, daß er gar kein' abschlägige Antwort zu befürchten hätt', so — aber eben das müßt ihm halt auf a gute Art beibracht werd'n, und sehen's, dazu wären Sie, als sein Vetter g'rad der rechte Mann!

Hochf. (den Gedanken aufgreifend). Ja, wenn er selber heirathet, das wär freilich 's beste Mittel mei Nest ganz z'kurirn! — Da wär's aus mit jeder Sorg!

Leni. Na also, so legen's Ihnen in's Mittel!

Hochf. Ja, aber z'erst möcht ich doch wissen, wer der Gegenstand ist? — Ist's vielleicht a recht alte, anschiche Astel?

Leni (lächelnd). Nein! — 's ist zwar a Wittwe —

Hochf. Macht nichts! noch gut g'nug für den Burschen!

Leni. In meinem Alter —

Hochf. In Ihrem? — ja, da ist's ja noch in den schönsten Jahren!

Leni. D' Leut sagen sogar, daß sie recht hübsch wär' —

Hochf. Das auch noch? — Und — mit'n Vermögen — wie schaut's da aus?

Leni. Na, wenn man Alles zusammen rechnet, das baare Geld, die schuldenfreien Grundstücke, 's Haus und die Mühl —

Hochf. (nun plötzlich errathend) Mühl? — Mühl?! — ja, Frau Stäublingerin! — 's ist ja nur ein Mühl im Ort?! — am End' — nein, nein! — 's ist ja gar nicht möglich! — Sie — Sie selber?!

Leni (verschämt die Augen zu Boden schlagend). Und wenn ich's selber wäre?

Hochf. Jetzt trifft er mich — (sinkt von Erstaunen überwältigt in ein Fauteuil). Sie — Sie!! (für sich) 's bleibt doch ewig wahr, je größer der Lump, um so größer 's Glück!

Leni. Na, Herr Burgermeister! gebeten Sie zu der Verbindung Ihre Zustimmung?

Hochf. (wieder aufstehend) Ob?! — Besser hätt' sich's ja gar nicht treffen können! — So a liebe, charmante Frau, wie Sie — (ihren Arm unter den seinen legend und ihre Hand streichelnd) und Er — (einen ganz andern Ton anschlagend) na, a saub'rer Kerl ist er, das muß ihm sei Feind nachsagen, und was sein Charakter betrifft — na, mein Gott! a paar tolle Streich —

Leni. Dafür ist er a junger Mensch —

Hochf. Versteht sich — das muß austoben!

Leni. Aber sein Herz ist g'wiß gut!

Hochf. Delikat, sag ich Ihnen! — Und wenn er so a g'scheidte Frau kriegt —

Leni. Wird er das Glück der Häuslichkeit kennen lernen!

Hochf. B'sonders, wenn's ihm 's Haus gleich verschreib'n!

Leni. Es handelt sich vor Allem darum, ob Sie a Bißl am Strauch schlagen wollen?

Hochf. Ich schlag mit Vergnügen!

Leni. Ich laß'n Ihnen gleich herauf holen — reden's allein mit ihm!

Hochf. Gut ist's, ich werd' ihn

gleich in d'Arbeit nehmen, und, gebens Acht, in einer Viertelstund' liegt er auf allen Vieren zu Ihren Füßen!

Leni. Aber (ängstlich) nur vorsichtig, und zart! — Sie verstehen —

Hochf. Freilich! — die Zartheit ist ja mein Haupt-Eigenschaft!

Leni. Und wenn Alles nach Wunsch geht, Herr Burgermeister! — aus Sibirien laß ich die Zobeln kommen, für ein Pelz, den ich Ihnen zum Präsent mach! (eilt ins Nebenzimmer links ab.)

Hochf. (allein) Na, die ist schön anbrennt! — Aber gut ist's so! hätt' gar nicht besser kommen können! — Ob er anbeißt? — ha ha ha! ist's noch a Frag? — Die Müllerin wird auf a paarmal hunderttausend Gulden gschätzt, das ist Wasser auf sei Mühl — da wird er mit Freuden a Müller werden! — Jetzt kann ich auch in ein' ganz andern Ton mit ihm reden, er hat Aussicht a reicher Mann z'werden, da muß man ihn mit der gehörigen Achtung behandeln!

Dritte Scene.

Hochfelder, Robert.

Robert (in einem grauen Arbeitsrocke, an welchem hie und da Spuren vom Mehlstaube zu sehen sind, an den Armen leinwandene Schreibärmel, eine Feder hinter dem Ohr, tritt hastig durch die Mittelthür ein). Herr Vetter! Ihr habt nach mir verlangt? Ich komm' vor Erstaunen gar nicht zu mir, sondern zu Euch! Was für einer Veranlassung verdank' ich denn das Glück?

Hochf. (ihn ganz verwundert ansehend). Ja, wie schaut Er denn aus?

Robert. Ich? (auf seinen Anzug weisend) hin! — wie ein Lion — nämlich Müllerlion! — Die graue Farb paßt g'rad für so ein Amphibium, wie ich, welches sein Leben theils in der Schreibstube, theils im Mehlmagazin zubringt!

Hochf. Das schaut ja fast aus, als ob Er wirklich was arbeitet! — Mir scheint, er wird nicht mehr lang leben!

Robert. Ha! die Freude mach ich Euch nicht, guter Vetter! denn ich esse jetzt ein eigenes Gesundheitsbrot, was zugleich sehr gut schmeckt!

Hochf. Was ist das für a Brot?

Robert. Das selbstverdiente Brot!

Hochf. Na, mich freut's, daß ich das bestätigt seh, was mir schon andere Leut' von Seinem jetzigen Verhalten erzählt haben, und (mit inniger Salbung) der Segen bleibt auch nicht aus! — Auf dem klein' Stückel Weg der Besserung, den er betreten hat, kommt ihm schon das Glück entgegen!

Robert (aufhorchend). Das Glück? — das Glück? — (in freudiger Ahnung) Gott! — die Resi! — Vetter! seid Ihr vielleicht doch zur Einsicht gekommen?

Hochf. Nein! Auf das hat Er nie zu hoffen! Und darum, als Anfang aller weiteren Unterhandlungen, sag ich Ihm, mit der Resi ist's und bleibt's vorbei!

Robert. So sagt Ihr!

Hochf. 'S'scheidt sein, Robert! Ich sag Ihm noch mehr: Bevor der Holdinger nach sein' Heimatsort fort ist,

sein wir übereinkommen, daß die Auf=
schieberei doch nichts taugt, und daß er
deßhalb gleich nach seiner Rückkehr sei
neues Haus zugleich mit seiner jungen
Frau beziehen wird! — Na — heut'
kommt er zurück — .

Robert. Und da will er jetzt schon
— ? hat er nicht versprochen, noch ein
paar Jahr zu warten? — Das ist ge=
gen die Abrede! — das ist Verletzung
der Verträge!

Hochf. Paperlapapp! In jetziger
Zeit werden ganz andere Verträge nur
g'schlossen, damit hernach ein Jeder
thun kann, was er will!

Robert. Das ist aber eine Nieder=
trächtigkeit!

Hochf. Nein, man nennt's Logik
der Thatsachen! — Aber nichts mehr
davon!

Robert. Nichts mehr davon?! —
Und dann sprecht Ihr von einem Glück,
das mir entgegen kommt?

Hochf. Ja — hör' Er mich an!
Es bieth' sich für ihn a G'legenheit,
ein honetter, geachteter Mann zu wer=
den; ich hoff', Er wird diese G'legen=
heit mit Freuden ergreifen!

Robert. Eine Gelegenheit?
So viel ich weiß, macht die Gelegen=
heit wohl Diebe, aber keine geach=
teten Männer!

Hochf. Er kann sich wohl denken,
daß ich Ihm g'wiß zu nichts Schlech=
tem rath! Er kann, wenn er g'scheidt
ist, heut' noch auf die ehrlichste Weis'
von der Welt a reicher Mann werden!

Robert. Heut' noch? — Noch be=
vor der Holdinger zurück kommt? —

das wäre allerdings etwas — wär'
vielleicht Alles! — Aber sprecht doch!
wie wäre das möglich?

Hochf. Sag Er mir, wie find't er
sein' gegenwärtige Brotfrau, die Mül=
lerin?

Robert. Sie ist eine sehr brave
Frau! —

Hochf. A schöne Frau! was?

Robert. Nun ja, auch eine schöne
Frau — meinetwegen!

Hochf. Ja wohl, Seinetwe=
gen! denn sie will wegen Niemand
Andern, und für Niemand Andern
schön sein, als für ihn!

Robert (stutzend). Was sagt Ihr?

Hochf. Was wahr ist! — 's ist a
kurioser G'schmack, aber die Frau
Stäublingerin hat einmal an Ihm einen
Narr'n g'fressen — sie wart' nur, daß
Er ihr ein' Antrag macht — na, ich
hoff' doch, da wird Er sich nicht be=
denken?

Robert. Bedenken nicht —
aber bedanken!

Hochf. (zurückfahrend). Was?

Robert. Ich acht' und schätze diese
Frau, ich bin ihr dankbar dafür, daß
sie mir die Hand geboten hat zu einem
ehrlichen Erwerb, aber sie heirathen —
jetzt — mit meinem zerrissenen Herzen —

Hochf. Sie nimmt's für a ganz's,
da machst Du a gut's G'schäft!

Robert. Ein gutes Geschäft,
möglich! — aber auch ein ehrliches
Geschäft? Vetter! wenn Euch Einer
ein Pferd verkauft, und Ihr kommt
später darauf, daß das Thier einen Feh=
ler hat, in Folge dessen Ihr es mit kei=

nem andern Pferde zusammen spannen
könnt, wie heißt Ihr den Roßkamm?

Hochf. Das wär' ein elender Betrüger.

Robert. Nicht wahr? Aber ich soll
das Vertrauen eines braven Weibes
mißbrauchen, soll ihr mich selbst zum
Kaufe — denn es wäre ja sonst nichts
anders — antragen, während ich weiß,
daß mir zu dem Gespanne, was man Ehe
heißt, das Wichtigste fehlt, die Liebe! Ich
soll mit dem „Ja", das ich am Altare
aussprüche, unserm Herrgott selbst eine
Lüge in's Gesicht sagen, um nach Eurer Meinung ein honneter, geachteter Mann zu werden?

Hochf. Ha ha ha! Mir scheint gar
er will ein Sittenprediger werden? Er!
als ob er nicht schon unredlichere Geschäfte gemacht hätt!

Robert. Ja — ich hab' tolle
Streiche gemacht, ich war auf dem
Wege, aus einem leichtsinnigen Burschen ein schlechter Kerl zu werden, aber
der Himmel hat mir zwei Engel geschickt, die mich vom Abgrunde zurück
rißen, der Eine war die wahre Liebe,
der zweite das Vertrauen, welches
mein Feind mir bewies!

Hochf. Was für ein Feind?

Robert. Euer präsumtiver Schwiegersohn! Er sagte: Ich halt Euch für
einen Ehrenmann! — Ich fühlt' es,
daß ich den Namen noch nicht verdiente,
aber auch, daß es noch nicht zu spät
wäre darnach zu ringen! — Ich hab'
mir's vorgenommen, und ich sehe, es
geht! — Zwar scheint der Teufel noch
immer Appetit auf mich zu haben, er

nimmt verschiedene Gestalten an, um
mich zu versuchen, einmal die Gestalt
meiner Geliebten, und jetzt — jetzt
hat er die Gestalt meines Vetters angenommen —

Hochf. Was? mei G'stalt? —
Er soll sich unterstehen!

Robert. Ja, ja — denn Ihr
seid es nicht, der mit solchen Anträgen
kommt, der Teufel steht da, und zeigt
auf das schöne Haus, auf das blühende
Geschäft, auf die vollen Geldkassen und
sagt: „Sieh, das Alles sollst du haben, begeh' nur noch einen schlechten
Streich!" ich aber, ich antworte: „Apage, Satanas!" (drängt Hochfelder von sich.)

Hochf. Was soll das heißen?

Robert. Das heißt: Teufel, geh
zum Teufel! Ich bleib' ein ehrlicher Kerl!

Vierte Scene.

Vorige. Leni.

Leni (tritt in sichtbar gereizter Stimmung aus dem Seitenzimmer).

Hochfelder } (sie erblickend, für sich).
Robert } Da ist sie!

Hochf. (geht auf Leni zu, leise zu ihr)
Nichts ist's mit dem Pelz!

Leni (leise). Ich weiß — hab Alles
g'hört — dumm g'nug haben Sie 's
angestellt!

Hochf. (leise). Dumm? — Erlauben Sie — ich bin Burgermeister!

Leni (leise). Das muß reparirt
werd'n! helfens mir!

Hochf. (für sich, nicht begreifend). Ich
soll's repariren?

Leni. Ihr Vetter hat von mir die Erlaubniß erbeten, da hier mit Ihnen a paar Wort zu reden; darf ich fragen, ob Sie schon ausg'red't haben?

Robert. Ja, Frau Stäublinger, ich hab' ausg'redt!

Leni (sich zum Geschäftstone zwingend). Na, so werdens doch jetzt auch für mich Zeit haben! Lang' g'nug hab' ich heut' g'wart! — Habens die Rechnungen da?

Robert. Entschuldigen — ich wollt' eben —

Leni (ihn imitirend). „Ich wollt' eben!" — Mir scheint, Sie nehmen sich zu Allem Zeit, nur nicht zum G'schäft!

Robert (gereizt). Den Vorwurf glaub' ich nicht zu verdienen — Ich hab immer meine Schuldigkeit gethan!

Leni (immer heftiger). Ihre Schuldigkeit! Sie haben gar kein Begriff, was Ihre Schuldigkeit wär'! — mir scheint, ich hab' Sie verg'wöhnt, weil ich Sie, aus Rücksicht für Ihren Herrn Vetter, mit einer großen Nachsicht behandelt hab'! — Haben Sie vielleicht mein Benehmen auch anders ausg'legt, wie verschiedene and're Leut — (mit einem Blick auf Hochfelder). Ihr Vetter hat so was fallen lassen!

Hochf. (für sich, auf dem Boden suchend, umherblickend) Ich hab' was fallen lassen?

Leni (leise zu Hochfelder). Gehen Sie auf meine Idee ein?

Hochf. (laut) Na ja, ich hab' Ihnen ja g'sagt, daß ich auf Ihre Idee eingeh' — ich hätt' gar nichts dagegen, wenn's ihm zum Mann nehmet'n!

Leni (immer zorniger, leise zu Hochfelder). Sie sein ein —

Hochf. (selbstgefällig) Weiß schon!

Leni (zu Robert). Ich — Ihnen zum Mann?! Haben 's denn wirklich so was glauben können? ha ha ha!

Robert (nun auch gereizt, zu Hochfelder). Vetter! Ihr habt Euch also einen Spaß mit mir gemacht?

Leni. Ja, so scheint 's, ein' recht unzeitigen Spaß, ich muß mir 's für die Zukunft verbitten, meinen Namen zu solchen Späßen zu mißbrauchen!

Hochf. (ganz verwirrt) Ah, jetzt ist's recht! (laut, auch losbrechend) Aber Himmel Sapperment! haben denn Sie nicht selber g'sagt —?

Leni (über Hochfelders Begriffstützigkeit verzweifelnd, für sich). Gott im Himmel! (winkt ihm zornig mit den Augen zu).

Hochf. (dadurch auf's Neue verwirrt, für sich) Was soll denn das Augengeblinzel?

Robert (heftig zu Hochfelder). Was? — was soll die Frau Müllerin gesagt haben?

Hochf. (ganz perplex) Ich red gar nix mehr — sie soll ihm's selber sagen!

Leni. Ja. — Es scheint wirklich, daß a großes Mißverständniß herrscht! (zu Robert, ohne ihn anzusehen) Es ist allerdings wahr, daß ich mich wieder verheirathen will —

Hochf. Das hab' ich ja g'sagt, und deswegen —

Leni (zu Hochfelder). Ich bitt' Ihnen, lassen's jetzt mich reden! (wieder zu Robert) Und derjenige, den ich g'wählt hab', ist a bißl eifersüchtig — er hat verlangt, daß ich Ihnen aus meinen Dienst entlaß!

Robert (stutzend). Was?

Hochf. (für sich). Das hab' ja ich verlangt!

Leni (wie oben). Er bild't sich halt ein, daß Sie selbst Absichten, und deß= wegen hab ich Ihrem Vetter g'sagt, er möcht' aus Ihnen herauskriegen, ob das wirklich der Fall ist? (zu Hochfelder) Nicht so?

Hochf. (sich noch nicht auskennend) Ja, ja, so was dergleichen!

Robert. Nun, ich habe meinem Vetter aufrichtig gesagt, daß bei mir keine Idee von solchen Absichten ist, daß ich nicht im Traum daran gedacht habe, mich in Sie zu verlieben; nun, das wird Sie wohl beruhigen?

Leni (mit verbissenem Zorn). Ja, sehr be= ruhigend ist das für mich, aber nicht für meinen Zukünftigen, der darauf besteht, daß ich Ihnen heut' noch aufsag'!

Robert (erschreckt). Und Sie wollen das wirklich thun?!

Leni. Ja!

Hochf. (freudig) Vergelt's Gott!

Leni. Ich bin diese Rücksicht dem Mann schuldig, dem ich meine Hand reichen will!

Hochf. (für sich). Will sie denn mir Ihre Hand reichen? (auf die Idee einge= hend) Teufel noch einmal! — wann ich mir's anschau — (geht während der näch= sten Reden um Leni herum, sie fortwährend schmunzelnd und mit zufriedenem Kopfnicken betrachtend).

Robert (mit gesenktem Haupte). So — so! — Ich muß also fort?

Leni. Es wird Ihnen ka so schwe= res Opfer kosten, gar so attachirt sein's ja nicht an mich — also ist's besser, wenn Sie heut' noch sich um ein' an= dern Platz umschau'n! — Ihren Mo= natsg'halt holen Sie sich nur bei Ih= rem Vetter ab, denn (ihren Schmerz müh= sam bewältigend) 's ist besser, wenn wir uns nicht mehr wiedersehen! (wendet sich von ihm ab.)

Robert. Also knall und fall ent= lassen! — als ob ich Sie betrogen hätt' —

Leni (für sich). Ist's nicht so?

Robert. Aber ich kann keine Ein= sprache thun — Sie sind die Frau und ich halt' es für meine Pflicht Alles zu thun, was zu Ihrem Glücke nothwen= dig ist!

Leni (für sich). Ich hab's g'spürt!

Robert. Ich geh' also in Gottes= namen! Es fällt mir schwer Ihr Haus zu verlassen, ich hab mich hier so schnell zurecht gefunden — mich so leicht an Fleiß und Thätigkeit gewöhnt — wer weiß, — wo ich wieder so ein' Platz finde — aber — es muß sein! — Leben Sie wohl, Frau Müllerin! (faßt ihre Hand.)

Leni (will sich beherrschen und einen tro= ckenen Ton annehmen). Leben Sie — (blickt auf Robert — stockt — dem Weinen nah) Leben Sie! (wirklich in Thränen ausbre= chend) Leben Sie wohl! (sich selbst rasch bemeisternd, ungeduldig) Geh'ns — geh'ns Adieu! (wendet sich rasch von ihm ab, geht zu dem Divan und sinkt in denselben, das Tuch vor die Augen drückend).

Robert (sie betrachtend, für sich). Hm! hm! Was mir der Vetter g'sagt hat, scheint doch mehr als Spaß gewesen zu sein! — Aber Alles Eins! ich geh! Ich bin zwar jetzt wieder das, was ich früher war, nämlich Nichts! — aber nein, g'rad das, daß ich die vortheilhaf= teste Anstellung aufgeb', ehe ich gegen mein einmal festgestelltes Programm verstoße, gibt mir das Bewußtsein, daß ich Etwas bin! (geht rasch durch die Mitte ab).

Fünfte Scene.

Hochfelder, Leni.

Leni. Ist er fort?

Hochf. Ja —

Leni (aufstehend und heftig bewegt auf= und niedergehend). Gott sei Dank! — Ich glaub', ich hab' die Blamage so gut, als möglich, gut gemacht!

Hochf. Hm! nicht so ganz! Sie haben g'sagt, Sie geben ihn fort, weil's derjenige, den Sie zum zweiten Mann wählen, verlangt hat — wenn der Robert aber merkt, daß der zweite Mann gar nicht existirt?

Leni (wieder nachdenkend). Das ist wahr — da kommt er am End' wie= der auf die Idee —

Hochf. Dagegen gibt's nur ein Mit= tel — Sie müssen sich halt wirklich ent= schließen noch einmal z'heirathen, und das so bald als möglich!

Leni. Das thu ich auch! — ihm zum Trotz! Ha! — wenn ich will, darf ich nur die Hand ausstrecken — (thut es).

Hochf. (faßt ihre Hand) So hängt schon Einer d'ran!

Leni (entzieht ihm wieder die Hand). Zehn für Ein'! Ha! mich so zu ver= schmähen!

Hochf. Mein Gott! so junge Leut' haben gar keinen G'schmack! — was an einer echten Frau ist, weiß nur der zu beurtheilen, der schon a Frau g'habt hat!

Leni. Was? ich sollt' ein' Witwer heirathen? —

Hochf. Aber Frau Stäublingerin! sein denn nicht Sie selber a Wittib?

Leni. Das ist was anders! Mei Eh' war kurz, — mein Mann ist bald g'storben! — Na — Frieden seiner Asche!

Hochf. Ja, die Aschen ist's eben! die Witwen benutzen meistens die Aschen von ihrem ersten Mann zu der Laugen, mit der sie den zweiten waschen! — Wann aber der zweite Mann auch a Witwer ist, habens we= nigstens gleiche Waffen!

Leni (bedenklich). Und am End' ein alter Mann! —

Hochf. Na, 's versteht sich, daß ka Dattel sein dürft, sondern (mit Anspie= lung auf sich selbst) 's müßt a riegelsamer, lebenslustiger, stattlicher Mann sein, a Mann, der Ihnen a g'wisse Stel= lung, ein Rang in der Gesellschaft ge= bet, — ich — ich wußt Ihnen so ein Mann —

Leni (aufstehend). Sie?

Hochf. (sie sanft mit dem Ellbogen sto= ßend) Frau Müllerin — nur a Frag!

— klinget 's denn nicht schöner: „Frau Burgermeisterin"?

Leni. Was? Sie — Sie, Herr Burgermeister? — ha ha ha! — Jetzt muß ich trotz meiner Verstimmung lachen! Ha ha ha!

Hochf. Sehen's, über den jungen haben's g'weint, über den ältern lachen's! — Da ist 's doch g'scheidter, man nimmt den, über den man lachen kann! — Und nachher, wenn's mich nehmeten, von mir glaubet's der Robert, daß ich d'rauf b'standen bin, daß er aus 'n Haus muß!

Leni. Das ist wohl wahr, aber —

Hochf. Also spielen wir ihm den Possen! Sie werden nicht fehl gehen — g'rad ich paßet am besten für Ihnen, ich will Ihnen das beweisen!

Duett.

1.

Hochfelder.
Weiberl schau, Du bist noch jung und sauber nebenbei —
Und es is der Witwenstand, a wahre Keierei!
Mir is auch 's Alleini sein zuwider ganz und gar,
Weiberl, geh' schlag ein, und wer'n mir Alle zwei a Paar.

Leni.
Was fällt denn dem Herrn Nachbar ein,
Den Antrag mir zu machen?
Der Witwenstand is nicht so arg,
Ich fühl' mich wohl dabei.
Auch muß ich's überlegen erst,
Bei solchen wicht'gen Sachen,
Denn hab' ich einmal ja schon g'sagt —
Dann bin ich nicht mehr frei.

Hochfelder.
Geh' Weiberl, ich bitt' Dich, sag' ja und sei g'scheidt.

Leni.
Mei lieber Herr Nachbar, das hat ja noch Zeit.

Hochfelder.
Du siehst, daß ich b'.Antwort erwarten kaum kann.

Leni.
Na, frag'n Sie sich später einmal wieder an.

Hochfelder.
Später?

Leni.
Später!

Hochfelder.
Ja später, 's is Schad,
Da is vielleicht z'spat.
Dulie.

2.

Hochfelder.
Haus und Hof und Feld hab i und Wiesen noch dazu,
Ochsen, Küh' und Anten, Gäns und Kalbeln mehr als gnua!
Doch der Mensch hat auf der Welt sein Lebtag nit zu viel,
D'rum hätt'ich auch noch zu meiner Wirthschaft gern Dein Mühl.

Leni.
Die Mühl braucht weder Haus noch Hof,
Kein' Ochsen, keine Kälber,
Wenn nur das Rad sich lustig dreht,
Und 's Wasser rauscht da b'runt,
Die Wirthschaft passet gar nit z'samm',
Bedenkt es doch nur selber,
Das Wasser, was mir Nutzen bringt,
Nicht Eure Felder z' Grund.

Hochfelder.
Geh' Weiberl — ich bitt' Dich ꝛc.

3.

Hochfelder.

Weiberl in Dein Augen rein der helle
    Teufel sitzt,
Hast a Goscherl, was sich gar so lieb und
    freundli spitzt,
Geh sei mein, schenk' mir Dein Hand und
    g'schlossen is der Kauf,
Gib als D'rangeld mir dann extra no a
    Bußl d'rauf.

Leni.

Der Antrag macht mich meiner Treu,
Schier roth bis an die Ohren,
He Nachbar, nur nicht gar so gach,
Nein, nein, das geht nicht an!
Ich hab' mein' lieben seligen Mann
Versprochen und geschworen,
Das erste Bußerl, was ich gib,
Das kriegt mein zweiter Mann.

Hochfelder.

Geh Weiberl — ich bitt Dich ꝛc.

(dann beide ab.)

Sechste Scene.

Verwandlung.

(Halle in dem Kleemann'schen Wirthschafts-
gebäude; im Hintergrunde eine Bogenwöl-
bung, durch welche man in den Garten
sieht; rechts und links Seitenthüren. Im
Vordergrunde ein Tisch und Stühle. Die
Wände sind mit Kränzen und Gewinden
aus Tannenreisig und buntem Papier
verziert.)

Konrad, Peter. — Mehrere
Knechte.

Peter (die Ausschmückung betrachtend).
Prächtig schaut 's aus, just wie am
Kirtag!

Konrad. Na, 's wird heut dahier
wohl no höher hergehn, als auf ein

Kirtag! a neuer Herr auf der Wirthschaft!

Peter! A braver Herr, als das
kennt den Holdinger b' ganze Gegend,
und das hat er auch glei bewiesen, weil
er alle Knechte und Mägde, die unter'm
seligen Kleemann da waren, in sein'
Dienst b'halt — d'rum wollen wir ihm
auch ein' Empfang bereiten, der sich
g'waschen hat!

Konrad. Recht habts! Aber schauts,
daß nur Alles hübsch in der Ordnung
geht, — wir stell'n uns bei der Ein-
fahrt auf — a Paar von Euch müssen
sich aber auf b' Straßen postiren, und
wie's den Holdinger kommen sehen,
voraus laufen und uns 's Zeichen geben, damit wir gericht sein!

Peter. Ja, ja — ich werd' Euch
schon Alle eintheilen — kommts nur in
Garten! (Alle nach dem Hintergrunde ab).

Siebente Scene.

Resi, Susanne.

Resi (im Brautstaate, kömmt, todten-
bleich im Gesichte, von Susannen geführt, aus
der Seitenthür rechts).

Susanne. Ich bitt' Dich, Resi!
faß Dich — denk' wie viel Leut' heut'
da sein werden! trockne Dir b'Augen!
Mein Gott! wie verwirrt Du bist!
(trocknet ihr die Augen).

Resi. Das nutzt Alles nichts! an-
d're Augen wird der Franz nie mehr
an mir sehen, bis ich's ganz und für
immer zumach'!

Susanne. 's ist Dei eig'ne Schuld!
Warum hast Dei ganzes Schicksal in
seine Händ' g'legt!

Resi. Bei wem Andern hätt' ich denn damals noch Hilf suchen können, als g'rad bei ihm — er hat mich immer so gern g'habt, war immer so gut gegen mich! — hab' ich denn denken können, daß g'rad er auf mein' Unglück b'steh'n wird?

Susanne. Ja, da sieht man, wie man sich in ein' Menschen irren kann! „Der gute Holdinger Franz" hat's alleweil g'heißen, und jetzt macht er Dich unglücklich und mein' Robert! — Weiß Gott, was aus dem armen Burschen noch wird! Jetzt hofft er vielleicht noch, wenn er aber sieht, daß Alles vorbei ist, dann — oh mein Gott! — ich fürcht' das Schrecklichste! (weint auch).

Resi. Der Robert! — Mahm! wann's ihn seht's — sagt's ihm nur das Eine — 's ist mei letzte Bitt' — er soll's erfüllen — er soll — hört's es! — sagt's ihm's! — Er soll nur verhüthen, daß ich ihn nochmals seh — denn ich ertrage 's nicht! — — (will Susannen an die Brust sinken, blickt aber gegen den Garten und schreit laut auf) Dort! dort! dort! (lehnt sich fast ohnmächtig an Susanne).

Susanne. Was ist's denn? (sieht ebenfalls hin) Mein Gott —! der Robert! —

Achte Scene.
Vorige. Robert.

Robert (kömmt in höchster Aufregung, vom schnellen Laufe erhitzt, vom Hintergrunde her, Resi erblickend, und auf sie zueilend.) Resi! — Resi! — Da bist Du ja! —

Susanne. Robert! Du da? — ich bitt Dich um Alles in der Welt — der Vetter kommt auch gleich —

Robert. Thut nichts! Er kann nichts dagegen haben — bin an ihn gewiesen wegen meinem Lohne! — aber (zu Resi) laß uns die Zeit benützen, so lang wir allein sind! — (sie betrachtend) Du hast Dich ja recht stattlich zu dem heutigen Feste geschmückt!

Resi (in Thränen ausbrechend). Ich?! sie haben mich aufputzt, und ich hab's g'litten! — Mir war's, als ob ich für den Sarg aufputzt würd!

Robert. Also wirklich heute — heute noch?

Susanne. Ja, wenn der Franz heut' noch kommt!

Resi. Wenn! — verzeih' mir's Gott! — es ist schrecklich, daß man sich solcher Wünsch' nicht entschlagen kann! — wenn, während der Franz fort war, was g'scheh'n wär, daß er nicht kommen könnt —!

Robert (immer etwas scheu und verwirrt). Hoff das nicht! — Er kommt! — Ich hab ihn selbst g'sehen — ich bin vorhin weit vor's Dorf hinaus — da ist er auf einem müden Klepper langsam die Straßen entlang daher zu g'ritten — ich bin rasch auf dem nähern Fußsteig durch den Wald daher —

Susanne. Na also! — Da wird hernach heut' noch der Kauf von dem Hof g'schlossen — der G'richtsschreiber und der Vormund von den Kleemann'schen Erben sein b'stellt, die Wirthschaft ist sein, sobald er das Geld erlegt.

Robert (starr vor sich hinsehend). Sobald er das Geld erlegt!

Resi. Und ich — ich bin auch sein!
(auf Robert zueilend) Robert! — Du
kannst dir nicht denken, wie mir ist,
aber so — so muß ein' sein, der wahn-
sinnig wird, oder ein' — der auf ein'
Felsen steht, um in's Wasser z'springen!
(in Todesangst) noch a Stund vielleicht
und Alles — Alles ist vorbei! — verloren für immer! — Robert! — gibt's
denn gar ka Rettung? — (sich an ihn
klammernd) Um Gotteswillen! — denk
nach! — sinn auf irgend ein Mittel!
halt das Unglück auf! — Ich hab zu
Gott gebeth' — er hat mich nicht
erhört!

Robert (für sich). Da ist der Teufel gefälliger! (sich von ihr losmachend.)
Laß' mich, Resi! ich bitt dich —
laß mich!

Resi (ohne von ihm auszulassen, mit ge-
steigerter Angst). Wenn nur wenigstens
a Aufschub möglich wär. —

Robert (fortwährend in sichtbarem, in-
nerem Kampfe). Ein Aufschub?!

Resi. Nur noch auf Wochen —
auf Tag'! Jede Stund wär G'winn,
man könnt noch hoffen! Oft bringt ja
ganz unerwart' ein Augenblick Rettung!

Robert. Ein Augenblick! ja! Ein
Augenblick ist's oft, an dem das Welten-
schicksal hängt. — Ein Augenblick, der
über Sieg und Tod — Ein Augenblick, der über Himmel und Höll ent-
scheidet! — Dem Augenblick leben ist
die höchste Filosofie! — Den Augenblick
benützen ist die höchste Weisheit, und

— wenn ich das wollt — wenn — ja,
dann wär uns Allen geholfen!

Resi (ihn verwundert ansehend). Robert! wie Du red'st — und (fast erschreckt von ihm zurücktretend) wie Du aus-
schaust — Deine Augen! —

Susanne (ebenfalls von Roberts Anblick erschreckt). Jesus Maria! Sohn! —
Es ist was g'scheh'n — und — mir
ahnt's — nichts Gutes! —

Robert. Nein! seid ruhig, Mutter!
geschehen ist noch nichts! und — was
geschehen wird — ich weiß es nicht —
ich kenne mich selbst nicht!

Hochf. Stimme (hinter der Scene).
Nur gleich hereinführen, wenn's kommen! —

Resi (zusammenbebend). Das ist der
Vater! — (ängstlich und rasch zu Susanne)
Geh'n wir fort!

Susanne. Du laufst vor Dein'
Vater davon?

Resi. Kann ich dafür, daß mir
heut mein eig'ner Vater so schrecklich
vorkommt, als wenn er a Schlacht-
messer in der Hand hätt!

Robert. Ja — laß uns geh'n —
auch ich will ihm jetzt nicht unter die
Augen kommen! — Aber im entschei-
denden Augenblick bin ich wieder da!
(will fort.)

Resi. Robert! Du hast g'sagt, wenn
Du willst, ist uns Allen g'holfen —
willst Du?

Robert. Frag' nicht, frag' nicht!
— Ich kann Dir jetzt nichts sagen! —
(eilt nach dem Hintergrunde links ab, wird
aber während der folgenden Scene wiederholt
beobachtend gesehen.)

Refi. Ach! er weiß ka Hilf! — Wie könnt' er sich sonst b'sinnen! (mit Susannen in die Seitenthür rechts ab.)

Neunte Scene.

Hochfelder (allein.)

Hochf. (tritt aus der Seitenthür links, vor sich hinsprechend). Bin neugierig, ob die Frau Müllerin herüberkommt! ich hab's jetzt einladen lassen zur Hochzeit von meiner Tochter — na ja — vielleicht g'hört sie bald auch zur Familie! „Nein" hat sie nicht g'sagt, wie ich mei Anfrag g'stellt hab, und ich sehet auch gar nicht ein, warum sie sich lang b'sinnen sollt — ich bin so viel als a lediger Mann, und, d' Hauptsach! heut noch a schuldenfreier Mann! (Ruf hinter der Scene, Anfangs in weiter Entfernung.) Vivat! der Herr Holdinger! Vivat! Hochf. (freudig.) Ha! das gilt mein' Schwiegersohn! — Er kommt — er kommt!

Zehnte Scene.

Vorige. Landleute beiderlei Geschlecht. Frau Leni Stäublinger. Federbart. Lamberger.

Die Landleute (kommen, im Festgewande, zu beiden Seiten des Gartens hervor, und drängen sich gegen den Eingang der Halle). Hochf. (den Landleuten entgegen gehend). Grüß Euch Gott, Nachbarn! — aber seids so gut, und verstellts nicht den ganzen Weg — sonst kann der, den wir auf seiner neuen Besitzung empfangen wollen, gar nicht herein! Thuts mir den G'fallen, und theilts Euch hübsch zu beiden Seiten — machts

Spalier — das nimmt sich gleich festlicher aus! (theilt die Maße der Landleute zu beiden Seiten, so, daß der Weg in der Mitte offen bleibt, und kömmt hiebei auf Frau Leni, welche sich ebenfalls mitten unter den Leuten befand, sehr erfreut.) Was seh ich, Frau Stäublingerin! Sie geben uns die Ehre?

Leni. Wer wird denn einer solchen Einladung nicht folgen? Aber ich hätt' bald durch das Gedräng nicht durchkommen können!

Hochf. (ihren Arm unter den seinen nehmend, und sie in den Vordergrund führend, scherzend.) Na wartens, ich werd Ihnen heut schon noch mehr ins Gedräng bringen! (sie zu einem Stuhle seitwärts führend) Ich bitt, nehmens nur derweil Platz!

Leni (setzt sich).

Hochf. Aber wo ist denn die Hauptperson, mei Tochter? (eilt zur Seitenthür rechts und öffnet dieselbe.) Resi! Resi! hast's denn nicht g'hört? — Dein Bräutigam kommt! Heraus! heraus!

Eilfte Scene.

Vorige. Resi. Susanne.

Resi (tritt mit Susannen aus der Seitenthür rechts, leise zu Susannen). Der Franz kommt, und (sich unter den Leuten umsehend) der Robert ist nicht da! (Ruf und Trompetentusch ganz in der Nähe.) Hochf. Er ist da! Jetzt (erblickt unter den Leuten Federbart und Lamberger.) Ah, da ist ja der Herr G'richtschreiber und der Herr Sequester von der Wirthschaft! (zu diesem) Ich bitt', nur gleich daher an den Tisch — Sie haben doch Alles mitbracht?

Federbart. Ja wohl, sowohl die Verkaufs-Urkunde, als den Ehe-Contrakt. — Beide bedürfen nur der Unterschriften (breitet die Papiere und Bücher auf den Tisch aus).

Hochf. Na, mit dem Unterschreiben werden wir bald fertig sein! — aber (zu Resi) jetzt gib mir die Hand, und laß uns feierlich dem Angekommenen entgegen gehen! (faßt Resis Hand und geht mit ihr gegen den Eingang.)

Die Landleute (sehen nach dem Hintergrunde, und brechen, Holdinger erblickend, in ein Jubelgeschrei aus). Vivat! der Herr Holdinger! Vivat!

Zwölfte Scene.
Vorige. Franz Holdinger. Knechte. Musiker.

Franz (kömmt, begleitet von den Knechten, welche Gewinde aus Tannenreisern in Form von Triumphbögen über sein Haupt halten, während die Dorftrompeter zu beiden Seiten gehen und Fanfaren blasen, mühsam diese Freudenbezeugungen abwehrend). Laßts doch! Ich bitt Euch — schon gut — schon gut! Ich dank Euch Allen! (ist bis zu Hochfelder gekommen, zu diesem) Das habt wieder Ihr veranstaltet, Herr Burgermeister! — Zu was? Ihr kennts mich doch, daß ich Alles gern so einfach, als möglich, abgethan hätt'!

Hochf. Geht nicht, lieber Schwiegersohn! Was feierlich ist, muß feierlich g'feiert werden! Das ist die uralte Geschäftsordnung der Welt! Aber jetzt laßts vor Allem mich reden! (nimmt eine feierliche Haltung an) Herr Franz Holdinger! Als Burgermeister und Vorstand der Gemeinde begrüß ich Euch

als neu zugewachsenes Gemeindeglied auf Eurem neuen Besitz — wir Alle wünschen. — —

Franz (ihm in die Rede fallend). Lieber Herr Hochfelder! Nur ka Red! —

Hochf. Aber Reden halten ist ja in unserer Zeit die Hauptsach!

Franz. Gebts mir die Hand (hält ihm die Hand hin) und sagts einfach: „Gott gseg'n Euern Eingang!" — das ist mehr werth, als ein ellenlange Red!

Hochf. Na, wies wollts! Also (schüttelt ihm die Hand) Gott gseg'n Euern Eingang und laß Euch viel glückliche Stunden in dem Haus verleben! (umarmt und küßt ihn.)

Franz (zu Resi, welche lautlos, mit gesenktem Haupte neben Hochfelder steht, sie mit ernsthaftem Blicke betrachtend). Na — und Du, Resi! hast denn du für mich gar kein Wunsch? — kein freundlichen Gruß?

Resi (bedeckt, in Thränen ausbrechend, ihre Augen mit beiden Händen).

Franz (gekränkt zurücktretend). Das mein ganzes Willkomm?

Hochf. Machts Euch nichts draus! „A weinende Braut, a lachende Frau" ein alts Sprichwort! Die Weibsbilder können einmal nichts richten ohne Weinen!

Franz. Na, vielleicht wirds ihre Thränen trocknen, wenn's sieht, wie ich für sie sorgen will! (erblickt Federbart und Lamberger) Ah! da sein ja die Herrn schon — also machen wir die G'schäft zuerst ab! (tritt mit Hochfelder zum Tisch) Wo ist die Verkaufs-Schrift?

Federbart. Hier, Herr Holdinger! (hält ihm die Schrift hin.)

Franz (liest in der Urkunde).

Robert (drängt sich durch die Mitte der Gäste, bleibt aber Anfangs beobachtend im Hintergrunde stehen).

Franz (lesend). „Der bedungene Kaufschilling ist unter heutigem Datum von Herrn Franz Holdinger baar erlegt worden." —

Federbart. Ja, so haben wir es ja ausgemacht.

Franz. Freilich, freilich! Und dabei bleibts auch — (knöpft den bisher geschlossenen Rock auf, greift an die linke Seite — plötzlich heftig erschreckt) Um Gotteswillen! — (sucht ängstlich.)

Hochf.
Federb. } Was ist's denn?
Lamberg.

Hochf. (von Franzens Anblick erschreckt.) Ihr werdet todtenblaß! — Franz! so redts doch!

Franz. Mein Reistaschen — das ganze Geld war d'rin — ich habs an ein Lederriemen unterm Rock über der Schulter hängen g'habt — und — weg ist sie! (sinkt in den Stuhl).

Alle (vom Schreck erfaßt). Weg?! Verloren?!

Hochf. Was? — verloren? — das ganze Geld?!

Franz. Das ganze Geld! wie mir's drüben beim Verkauf von meiner Wirthschaft aufgezählt worden ist — hundert Stück Tausender Banknoten!

Hochf. Herrgott, da sein die zehntausend auch dabei, die ich —

Franz. Alles — Alles verloren! mei Wirthschaft verkauft, und den

Hof kann ich nicht kaufen! — Herr Hochfelder! auch Euer Wort muß ich Euch zurück geben — denn ein' Bettler könnt Ihr Eure Tochter nicht geben!

Resi (leise zu Susannen). Mein Gott! Mahm! ich sollt mich freuen — aber er dauert mich z'viel!

Hochf. (zu Franz.) Aber ich begreif nicht, wie's nur möglich war? —

Franz. Die Schnallen von dem Lederriemen muß während meinen Ritt aufgangen, die Taschen herabg'rutscht sein. —

Hochf. Also jedenfalls auf der Straße verloren! ich laß's austrommeln! (zu den Leuten) Leut! wer sich ein' Finderlohn verdienen will — laufts — suchts die ganze Straß'n ab — es wird — es muß ja g'funden werden!

Franz (niedergebeugt). Ja, g'funden wird's — aber wiedergebracht?! (schüttelt den Kopf) ich zweifel, daß so ein' ehrlichen Finder gibt!

Mehre Leute. Suchen muß man! Kommts! kommts! (wollen ab.)

Robert (welcher gespannt und in heftiger Aufregung Allem zugehört hatte, für sich). Keine Überlegung mehr! Vorwärts! (rasch vorwärts tretend, zu den Leuten) Bleibt, bleibt, bleibt Alle! Das Geld — es ist gefunden!

Alle. Gefunden?

Robert (zieht unter seinem Rocke eine Ledertasche hervor, tritt rasch zu Franz und gibt sie ihm). Hier!

Franz (ist vom Sitze aufgesprungen und sieht Robert starr an). Ja — das ist's — und Ihr — Ihr?

Refi (aufschreiend). Robert! (will zu ihm, wird aber von Susannen zurück gehalten).

Robert (zu Franz). Zählt nach!

Franz (öffnet rasch die Tasche und nimmt einen Pack Banknoten heraus). S' ist Alles! Alles!

Hochf. (verblüfft zu Robert, ihm die Hand drückend). Robert! Meiner Seel! — das hätt ich von Dir nicht erwart! (mit einigem Stolz zu seiner Umgebung) Das ist mein Vetter!

Franz (auf Robert zueilend und ihn umarmend). Wie soll ich Euch danken?

Robert (abwehrend). Dankt nicht mir, dankt dem Gott, der in meiner Brust sein Recht behauptet hat! Lebt wohl! (will fort)

Franz (ihn zurückhaltend). Nein, bleibt! Das Gesetz spricht dem, der etwas findt, den zehnten Theil davon als Finderlohn zu! Laßts mich wenigstens nach dem Gesetz handeln! — Das sein hunderttausend Gulden — da (zehn Stück Banknoten wegnehmend) der zehnte Theil sein zehntausend! Nehmts! (will ihm die Banknoten geben.)

Hochf. (niedergeschlagen, für sich.) Das sein just meine zehntausend. — —

Robert. Nein! ich kann auch dieß nicht nehmen! (mit gedämpfter Stimme zu Franz) Es war kein Fund — ich hab's ja g'sehen, wie Ihr's verloren habt, während Ihr gerade an dem Strauch, hinter dem ich stand, vorbeirittet. —

Franz. Und ich — (Roberts Hand fassend, mit ihm mehr vorwärts tretend, leise zu ihm) ich hab Euch auch gseh'n — und — verzeihts mir — ich hab a letzte Prüfung mit Euch ang'stellt!

Robert (leise). Eine Prüfung? Ihr habt es absichtlich verloren?

Franz (laut). Herr Hochfelder! Ihr habt mir über Euer Tochter Euer eigenes Recht eing'räumt — ich mach davon Gebrauch, und — (will Refis Hand in die Roberts legen).

Refi (in Seligkeit). Franz! Ihr seid ein Engel! (will an Roberts Brust)

Robert (die Arme ausbreitend). Refi!

Hochf. (rasch dazwischen tretend). Halt! — da hab doch ich auch —

Franz (zu Hochfelder, rasch einfallend). Auch zu reden, versteht sich — Ihr habts dem Robert zu sagen, daß er Eure Wirthschaft an Eurer Stell' fleißig zu betreuen hat!

Hochf. Aber ich. —

Franz (wie oben). Ihr werd's Euch als Burgermeister ganz dem Gemeindewohl widmen. —

Hochf. Das wäre schon recht, aber. —

Franz (wie oben). Aber der Robert muß was in d' Wirthschaft mitbringen, gut, er legt durch mich seinen Finderlohn in Eure Hände — (gibt ihm die Banknoten, leise) damit die Wirthschaft schuldenfrei wird!

Hochf. Das ist sehr schön, jedoch. —

Leni (die von dem Erscheinen Roberts an der Scene mit lebhaftem Antheile gefolgt war, bei der Rückgabe des Geldes sich eine Thräne im Auge getrocknet hatte, tritt nun auf Hochfelders andere Seite, leise zu ihm). Herr Burgermeister! Laßts den Robert heirathen, denn wenn er ledig bleibt, könnt er Euch selbst noch gefährlich werden. —

Hochf. (freudig überrascht.) Was sagens? — Frau Leni — Stäublingerin — Müllerin. —

Leni (leise). Burgermeisterin! — nur unter der Bedingung! (auf Robert und Resi weisend.)

Hochf. Ja — dann — dann muß's g'schehn! Da — da — (eilt auf Robert zu und wirft ihn selbst in Resis Arme) habts Euch, seids glücklich, so wie ich selber glücklich sein werd! — Jetzt herein mit die weißen Madeln! Herein mit die Musiker! s' ist doch a Verlobung, und noch dazu a doppelte! (umschlingt Leni.)

Franz. Und ich — na — ich glaub wenigstens mein neues Haus am besten eing'richt zu haben! Das Brautpaar soll leben!

Alle. Das Brautpaar hoch!

(Unter allgemeinem Jubelrufe und Trompeten-stößen fällt der Vorhang.)